JUMP COMICS

HUNTER×HUNTER《ハンター ハンター》

NO.《ナンバー》15 躍進《やくしん》

冨《と》樫《がし》義《よし》博《ひろ》

登《とう》場《じょう》人《じん》物《ぶつ》紹《しょう》介《かい》

ゴン

この物語《ものがたり》の主人公《しゅじんこう》。無事《ぶじ》ハンターとなり目下《もっか》、父《ちち》親《おや》・ジンの行方《ゆくえ》を捜索中《そうさくちゅう》。

前巻《ぜんかん》までのあらすじ

偉大《いだい》なるハンター・ジン=フリークス。ゴンはそのまだ見《み》ぬ父《ちち》をさがし出《だ》す為《ため》、超難関《ちょうなんかん》といわれる試験《しけん》を突破《とっぱ》し、ハンターとなった。

ジンの残《のこ》した手掛《てが》かりを追《お》い、ゴンはヨークシンでハンター専用《せんよう》ゲームG・I《グリードアイランド》をゲット。キルアと共《とも》にプレイし始《はじ》めるが、ジンが仲間《なかま》と作《つく》ったそのゲームは、一筋縄《ひとすじなわ》ではいかない代物《しろもの》だった。

途中《とちゅう》、ウイングの師匠《ししょう》でもあるビスケと知《し》り合《あ》い、「念《ネン》」を教《おそ》わりながらゲームを進《すす》めていくことにしたゴンら。だが、G・I内《グリードアイランドない》には爆弾魔《ボマー》と呼《よ》ばれるプレイヤー潰《つぶ》しの影《かげ》があり、さらには幻影旅団《げんえいりょだん》も姿《すがた》を現《あらわ》し、騒然《そうぜん》とした空気《くうき》が流《なが》れ始《はじ》め…!?

キルア……

ゴンの友達《ともだち》。やりたいことを見《み》つけるため、ゴンと共《とも》に旅《たび》を続《つづ》ける。

ジン

五指《ごし》に入《はい》る一流《いちりゅう》ハンター。ゴンの父親《ちちおや》にして、G・I《グリードアイランド》を作《つく》った人物《じんぶつ》でもある。

ビスケ……

実年齢《じつねんれい》57歳《さい》の少女《しょうじょ》(!?)プロハンター。ゴンらの素《そ》質《しつ》を見抜《みぬ》き「念《ネン》」を指導《しどう》。

HUNTER×HUNTER
ハンター×ハンター

CONTENTS

NO.《ナンバー》15 躍進《やくしん》

No.《ナンバー》140◆マサドラには行《い》ったけど

それじゃ これから マサドラに 向《む》かうわよ
オス!!
ま 今《いま》までの 経験上《けいけんじょう》 ゲームの 怪物《かいぶつ》に関《かん》しては まだ 序盤《じょばん》だってことも あるし
キャラの指示通《しじどお》り まっすぐ マサドラに 進《すす》んでさえ いれば そんなに ヤバイのは 出《で》てこないだろうから
なるべく 無視《むし》して 行《い》くことにする
いよいよ 呪文《スペル》カードが 買《か》えるね!
ああ
でも その前《まえ》に 金《かね》を なんとか しなくちゃな
はっ!!
数字《すうじ》の 9!!
ピン ポーーン
でも あまりに 反応遅《はんのうおそ》い!! 2人《ふたり》とも 腕立《うでた》て!!
くそ ーー!!

残《のこ》りおよそ70km《キロ》くらいか……ま3時間《じかん》あれば楽勝《らくしょう》だわね
出発《しゅっぱつ》!!
マジで!?
村ってかキャンプみたいだな
こっちの村は無人だな
うん
あ!!
あれだ!!

ホワン‥
ホワン‥
呪文《スペル》カードはどこで売《う》ってんだろ
ホワン‥
ホワン‥
ちょっとあんた達《たち》!
そんなことよりデパート探《さが》してデパート!
何《なに》買《か》うの?
うふふ ヒ・ミ・ツ ♡

やっぱ 売《う》り物《もの》は 全部《ぜんぶ》カードか
店《みせ》に したら 収納《しゅうのう》スペースが 節約《せつやく》できて いいよね
でも オレは 実物《じつぶつ》見《み》てから 買《か》いたい派《は》だからなー
ビスケ!! 呪文《スペル》カードの 売《う》り場《ば》が わかったよ!!
そう 疲《つか》れてない?
全然《ぜんぜん》!!
んじゃ さっきの岩石地帯《がんせきちたい》まで 戻《もど》るわよ
え———!?

なんでだよ!!
呪文《スペル》カードは!?
別《べつ》に貴重《きちょう》なカード持《も》ってるわけでもないし
う…まぁそりゃ…
え? 修行《しゅぎょう》に必要《ひつよう》ないでしょそんなもの
ほら今度《こんど》は2時間半《じかんはん》で戻《もど》るわよ!!
ひえ〜〜〜〜〜
ザッ
よし じゃ始《はじ》めようか
ゼ
ゼ
ハァ
ハァ
ゲイン!!
ボンッ!!

？
では これから
マサドラへ
向《む》かう
もしかして
ボケてんじゃ
ねーだろな
このババァ
ただし
今度《こんど》は
文字通《もじどお》り
本当《ほんとう》に
まっすぐ
進《すす》んでいく!!
え……
まっすぐって
岩山《いわやま》は?
もしかして…
そ!
掘《ほ》るの♡

ザク!
ザッ
ザクッ
ザクッ
思《おも》ったより やわいな この岩《いわ》
うん
これなら サクサク 進《すす》めるよ
ザッ
ザッ

ザッ
ザッ
ふう～
そろそろトロッコ使《つか》うか
じゃ掘《ほ》る係《かかり》と運《はこ》ぶ係《かかり》を交代《こうたい》でやろう
ザッ
ザッ
ガラガラ
うわ……押《お》すのにすごい下半身《かはんしん》の力《ちから》使《つか》う……!!
く… 腕《うで》だけかと思《おも》ってたら全身《ぜんしん》使《つか》うぞこれ
土《つち》も段々《だんだん》硬《かた》くなってきてる気《き》がする……!!
腕《うで》も力《ちから》ぬくとバランス崩《くず》れてこぼしちゃう!!

ピシッ
ガラ…
ボコッ
開《あ》いたア……
もう……ダメ……
ガラ ガラ
ドサッ!!
多分《たぶん》200m《メートル》くらいしか進《すす》んでねェぞ
ホント？昨日《きのう》の100倍《ばい》疲《つか》れてんのに…
ちょい待《ま》ち！休《やす》むなら座《すわ》って!!
こっち こっち
？

石…？
今日《きょう》から
寝《ね》るときは
常《つね》に　こうね
ロープを
放《はな》しちゃ
だめよ！
それから
たまに　あたしが
この投《な》げナイフで
そのロープを
切《き》るから
休《やす》んでる時《とき》も
頭《あたま》の一部《いちぶ》は
緊張《きんちょう》させとく
ように！
よく
親父《おやじ》にも
やられたな
このての訓練《くんれん》
くかー！！
器用《きよう》
だな――
ウトウト。。。
スルスル
ズゴーン!!

〜〜〜〜っ
ハイ 落《お》としたら 自分《じぶん》で元《もと》に 戻《もど》すこと！
くそ〜〜〜
よーし 今度《こんど》こそ しっかり 持《も》って…
いてっ
ガン!!
ゴン!!
った!!
ザラ
ザラ
ムリすんな ゴン 寝《ね》てないんだろ
大丈夫《だいじょうぶ》…!!
ガラガラ
ザッ
ザッ
……
あれ？

石《いし》は少《すこ》しずつ大《おお》きくしていくからね
特《とく》にゴン！緊張感《きんちょうかん》足《た》りないようだからオマケしといた
……
まだ…当《あ》たっても大丈夫《だいじょうぶ》
だと思《おも》う
ガッ
つっ
どした？
すごい堅《かた》い岩盤《がんばん》に当《あ》たったみたい
掘《ほ》れそうか？
うーーんシャベルじゃ無理《むり》っぽい

念《ネン》を込《こ》めた
パンチなら…
何《なん》とか壊《こわ》せると
思《おも》う
ズズズ…
!!
?
……
キルア!!
シャベルで掘《ほ》る時《とき》
オーラは
どうしてた!?
オーラ?
どーも
こーも
普通《ふつう》
だよ
シャベルも
体《からだ》の一部《いちぶ》って
考《かんが》えるんだ!!
体《からだ》の一部《いちぶ》っ
て…
あ…!
ね!?

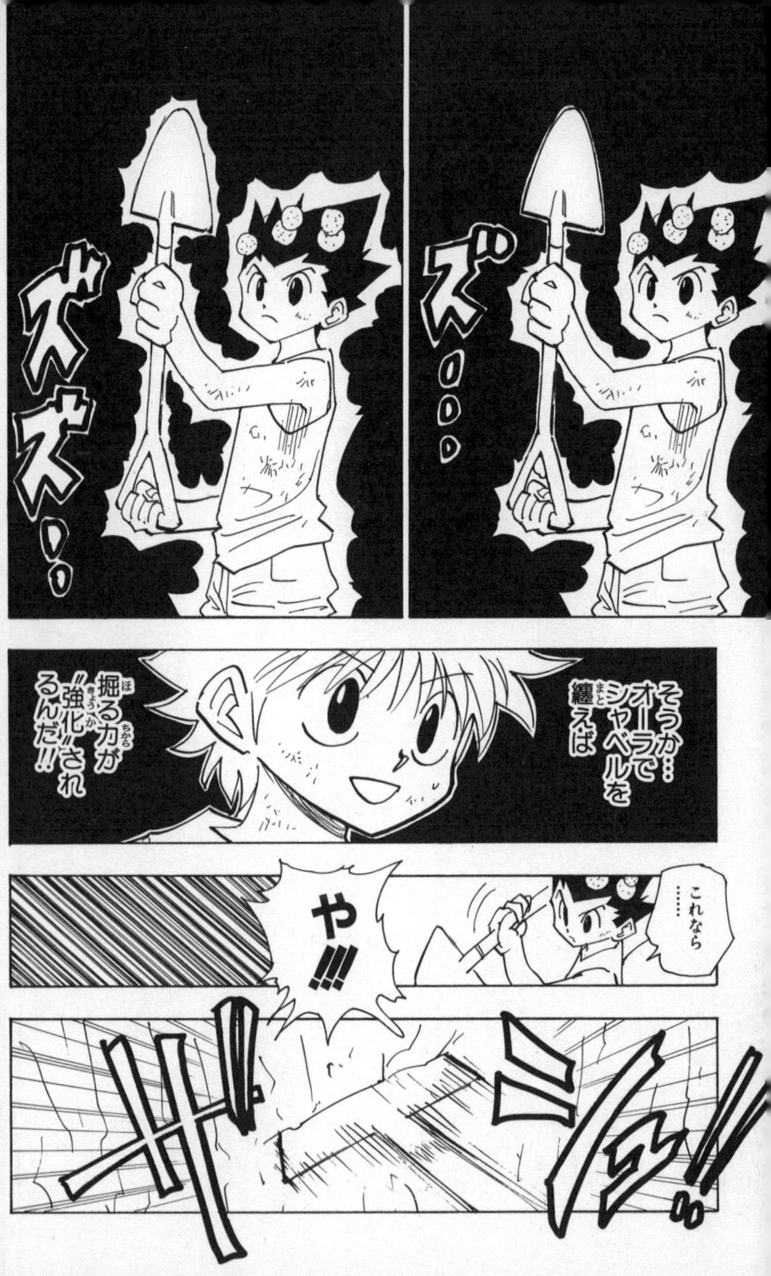

そうか…オーラでシャベルを纏《まと》えば
掘《ほ》る力《ちから》が〝強化《きょうか》〟されるんだ!!
これなら……
や!!!

……
すごいよ コレ!! ザクザク 掘《ほ》れる!!
ザク! ザク!
まるで 岩《いわ》がプリン みたいだよ!!
気付《きづ》いた ようね… "纏《テン》"の応用技《おうようわざ》 "周《シュウ》"
でも 応用技《おうようわざ》は 基本技《きほんわざ》とは ケタ違《ちが》いに 体力《たいりょく》と気力《きりょく》を 消費《しょうひ》する
調子《ちょうし》に 乗《の》ってると ………
く… あ 何《なん》でだろ
全然《ぜんぜん》 力《ちから》が 入《はい》んないし
何《なん》か オーラも うまく出《だ》せない よ…
全身《ぜんしん》の筋力《きんりょく》 持久力《じきゅうりょく》 精神力《せいしんりょく》 オーラの総量《そうりょう》 それを操《あやつ》る技術力《ぎじゅつりょく》 この訓練《くんれん》で その全《すべ》てが 向上《こうじょう》する
マサドラに 着《つ》くころには 第《だい》一段階《だんかい》が 終了《しゅうりょう》する!!

見ないで描いてみよう②
~ナルト編~

No.《ナンバー》141◆もうマサドラ行ったから次《つぎ》から別《べつ》の感《かん》じのタイトルでいいや

くかー
じうー
スー…
ドオーン!!
ピッ
ガッ

くか〜〜
ニコッ
ザシュ
ザリシュ
く〜〜
よっしゃ——!!
マサドラ（二度目《どめ》の）到着《とうちゃく》——!!
よ——し じゃ また元《もと》の場所《ばしょ》戻《もど》るわよ!!
どーん!!
また!?

今度《こんど》は怪物《モンスター》カードをゲットする
岩石地帯《ここ》で今《いま》まで遭《あ》った怪物《かいぶつ》を全種類《ぜんしゅるい》!!
その中《なか》にあんた達《たち》の基礎能力《きそのうりょく》で倒《たお》せない敵《てき》は いない
もしも倒《たお》すために足《た》りないものがあるとすれば
敵《てき》を観察《かんさつ》し分析《ぶんせき》する力《ちから》そして 敵《てき》を攻略《こうりゃく》するための手段《しゅだん》を戦《たたか》いながら瞬時《しゅんじ》に考《かんが》える力《ちから》
すなわち戦闘考察力《せんとうこうさつりょく》!!
あたしは一切《いっさい》口出《くちだ》ししない!
自分達《じぶんたち》で手段《しゅだん》を考《かんが》え怪物《かいぶつ》を捉《とら》えなさいな

それにしても
たいした奴《やつ》
だわね
このゲームを
創《つく》った連中《れんちゅう》…
順序《じゅんじょ》よくゲームを
進《すす》めていけば
確実《かくじつ》に強《つよ》くなれる
よう プログラム
されている…
おそらく全《すべ》ては
オレの親父《おやじ》が
創《つく》ったゲームなんだ
あのコを
強《つよ》く育《そだ》てるため…!!

ボン!!
!!
よっしゃー
マリモッチ
ゲット!!
様々《さまざま》なタイプの敵《てき》と
戦《たたか》わなければならない念《ネン》での
戦闘《せんとう》…そこで最《もっと》も
大切《たいせつ》な戦闘技術《せんとうぎじゅつ》とは
〝思考《しこう》の瞬発力《しゅんぱつりょく》〟!!
「いかに対処《たいしょ》するか」をすばやく
幾通《いくとお》りも考《かんが》え取捨選択《しゅしゃせんたく》し
適切《てきせつ》な対処法《たいしょほう》を実行《じっこう》に
移《うつ》すまでの刹那《せつな》!!
まずは考《かんが》えることに慣《な》れ
それを限《かぎ》りなく反射《はんしゃ》へと
近《ちか》づける訓練《くんれん》!!

岩石地帯で一番《ばん》捉《とら》えるのに苦労《くろう》するのはバブルホースだろうね
この感《かん》じだと1か月《げつ》ってとこかしら
それがクリアできれば
第《だい》二段階《だんかい》終了《しゅうりょう》…!!

「絶《ゼツ》」
フッ
ボン!!

つかまえた――――!!
585
バブルホース
C-50
紅白《こうはく》のシャボン玉《だま》で外敵《がいてき》を惑《まど》し身《み》を守《まも》る 攻撃力《こうげきりょく》はほとんどないが 音《おと》の大《おお》きさにはビックリするだろう
バブルホースゲットー!!
パチ
パチ
2週間《しゅうかん》遅《おく》れでようやくキルアに追《お》いついた!
そうかな?
お前《まえ》が鬼《おに》ごっこしてる間中《あいだじゅう》 オレはじっくり基礎能力《きそのうりょく》上《あ》げたぜ?
分析能力《ぶんせきのうりょく》 基礎体力《きそたいりょく》は キルアが上回《うわまわ》っている …が ゴンは その不足分《ふそくぶん》を補《おぎな》って 余《あま》りある集中力《しゅうちゅうりょく》と回復力《かいふくりょく》……
理想的《りそうてき》なコンビだわね
さて では これより
ヒュオオオオオ
防御《ぼうぎょ》の修行《しゅぎょう》に入《はい》る

ズズ…
!!
それは……
そうよ ゴン あなたが使《つか》ってる技《わざ》だわさ
「纏《テン》」「絶《ゼツ》」「練《レン》」「発《ハツ》」「凝《ギョウ》」を全《すべ》て複合《ふくごう》した応用技《おうようわざ》
「硬《コウ》」
体中《からだじゅう》のオーラを全《すべ》て体《からだ》の一部《いちぶ》に集《あつ》め 攻撃《こうげき》する!!
それゆえ通常《つうじょう》の攻撃《こうげき》をはるかに上回《うわまわ》る威力《いりょく》がある
あんた達《たち》はこれを全《すべ》て受《う》けて防《ふせ》ぐこと!
よけてはいけない!!
あたしが「硬《コウ》」を込めた拳《こぶし》で攻撃《こうげき》する
……

顔色《かおいろ》を見《み》ると 察《さっ》したようだわね
その通《とお》り
オーラで覆《おお》われた体《からだ》は とても防御力《ぼうぎょりょく》が高《たか》い… しかし それより「硬《コウ》」での攻撃力《こうげきりょく》ははるかに高《たか》い
つまり普通《ふつう》にガードしても
深《ふか》いダメージを受《う》ける!!
どうする？
こっちも「硬《コウ》」を使《つか》う！
うん
半分《はんぶん》正解《せいかい》
「硬《コウ》」に対《たい》して「硬《コウ》」！ これならば よほど念能力《ネンのうりょく》のレベルが違《ちが》わない限《かぎ》り 防御《ぼうぎょ》が成功《せいこう》すれば
無《む》キズで済《す》むだろう
しかし もしも「硬《コウ》」でガードした箇所《かしょ》以外《いがい》に攻撃《こうげき》が ヒットすれば
即《そく》 破壊《はかい》だわよ

全身《ぜんしん》を「硬《コウ》」にする
矛盾《むじゅん》してるけどそんな意味《いみ》だろ？
その通《とお》り
「纏《テン》」と「練《レン》」の応用技《おうようわざ》「堅《ケン》」
全身《ぜんしん》を通常《つうじょう》よりもはるかに多《おお》いオーラで覆《おお》い防御《ぼうぎょ》する
「硬《コウ》」よりは防御力《ぼうぎょりょく》が落《お》ちるがこれが最《もっと》も実戦的《じっせんてき》な防御《ぼうぎょ》！
訓練《くんれん》を積《つ》めばオーラの総量《そうりょう》も上《あ》がり 防御力《ぼうぎょりょく》も増《ま》す
ゴン「練《レン》」をやってみて
この状態《じょうたい》をずっと維持《いじ》するのが「堅《ケン》」!!
スー…
その状態《じょうたい》であたしのパンチをガードして

スー…
?
遅《おそ》い…?
ドン
!!!!

ドオ‥
!!
ドッ
ド
ゾク
ギクッ
ゆっくりだったからって体《からだ》の力《ちから》を抜《ぬ》いたわね?
「堅《ケン》」まで解《と》けてたら顔《かお》潰《つぶ》れてたわよ
これが「硬《コウ》」のみの力《ちから》…!!
この威力《いりょく》に肉体《にくたい》の力《ちから》である拳本来《こぶしほんらい》のスピードと破壊力《はかいりょく》をのせれば
さらに攻撃力《こうげきりょく》は数倍《すうばい》数十倍《すうじゅうばい》にもなる!
ゾクゾク
最初《さいしょ》は今《いま》みたくゆっくり打《う》つけどいつ打《う》つかは言《い》わない
「堅《ケン》」の状態《じょうたい》でできる限《かぎ》り耐《た》えてみなさいな

ズズ…
く…
ズズ!
ゴン!?
ガク…
ハァッ
ハァッ
……うん
約《やく》2分《ふん》って
とこだわね
知《し》らなかった
………!!
「練《レン》」を持続《じぞく》
するのが こんなに
大変《たいへん》だなんて
それなりの
実力者《じつりょくしゃ》と
戦《たたか》おうと
思《おも》ったら
最低《さいてい》30分《ぷん》は
「堅《ケン》」を維持《いじ》
しないと お話《はな》しに
ならないわよ!

見ないで描いてみよう②
～ナルト編～

No.《ナンバー》142◆「爆弾魔《ボマー》」

ビッビリ
くぅ〜〜〜〜
よし! 30分経過《ぶんけいか》
この1か月《げつ》で だいぶ タフに なったわね
数字《すうじ》の3!!!
ピンポーン
一瞬《いっしゅん》 キルアが 早《はや》い! ゴン 腕立《うでた》て 1000回《かい》
ひぃ〜〜〜
さて
今日《きょう》から 実戦《じっせん》の修行《しゅぎょう》に 入《はい》る

「堅《ケン》」!
この状況《じょうきょう》は わかりやすく いうと 攻撃力《こうげきりょく》50 防御力《ぼうぎょりょく》50
つまり 攻防力《こうぼうりょく》50と いわれる状態《じょうたい》なの
ちなみに「硬《コウ》」は100か0かの 状態《じょうたい》…!! オーラで強化《きょうか》している部分《ぶぶん》は攻防力《こうぼうりょく》100だけど それ以外《いがい》の部分《ぶぶん》は0…!!
普通《ふつう》にオーラを纏《まと》ってる状態《じょうたい》は 攻防力《こうぼうりょく》10ってとこだわね
つまりお互《たが》いが 「堅《ケン》」の状態《じょうたい》で いくら戦《たたか》っても
互《たが》いに 大《おお》きな ダメージは 与《あた》えられない
「硬《コウ》」を 使《つか》う!!
バカタレ ちゃん
前《まえ》も言《い》ったけど 「硬《コウ》」以外《いがい》のとこ 突《つ》かれちゃったら どうすんのっ
さて どうする?
「凝《ギョウ》」を 使《つか》う
正解《せいかい》!
う~~

全体《ぜんたい》の攻防力《こうぼうりょく》50 (攻撃力《こうげきりょく》50 防御力《ぼうぎょりょく》50) から……
右手《みぎて》の攻防力《こうぼうりょく》70 全体攻防力《ぜんたいこうぼうりょく》30 へ
「凝《ギョウ》」を使《つか》い 状況《じょうきょう》に応《おう》じて 攻撃力《こうげきりょく》・防御力《ぼうぎょりょく》 を加減《かげん》する
これが 攻防《こうぼう》の基礎《きそ》と なるわけ
右手《みぎて》!! 攻防力《こうぼうりょく》70!! 全体《ぜんたい》30!!
ズズ
ハイ! およそで いいから やってみて!
左足《ひだりあし》!! 攻防力《こうぼうりょく》80!! 全体《ぜんたい》20!!
頭《あたま》!! 攻防力《こうぼうりょく》60!! 全体《ぜんたい》40!!

ゼハー
ゼハー
ハァー
ハァー
これを30分間《ぶんかん》
1日《にち》3回《かい》
今《いま》までのメニューに
加《くわ》えて行《おこな》う
それと
げっ
組《く》み手《て》の
修行《しゅぎょう》にも
入《はい》る
!!

全体《ぜんたい》の攻防力《こうぼうりょく》50
この状況《じょうきょう》が戦闘《せんとう》において基本《ニュートラル》の型《かた》
攻撃《こうげき》の瞬間《しゅんかん》に右拳《みぎこぶし》の攻防力《こうぼうりょく》70全体《ぜんたい》を30に変《か》える!!
スゥ
攻防力《こうぼうりょく》の変化《へんか》!!これを「流《リュウ》」と呼《よ》ぶ
「流《リュウ》」を
限《かぎ》りなく速《はや》くおこなう
～～～
全然《ぜんぜん》拳《こぶし》が見《み》えない!!
最初《さいしょ》はゆっくりでいいからやってごらん
出来《でき》る限《かぎ》り丁寧《ていねい》にスムーズにね
ぷ
チッチッ
1秒《びょう》
ぷ
遅《おそ》～～～～っ
チーン
13秒《びょう》

OK《オーケー》 今《いま》は それで十分《じゅうぶん》だわよ
じゃ 2人《ふたり》で 組《く》み手《て》開始《かいし》
交互《こうご》に どこで どこを攻撃《こうげき》しても よし!!
防御側《ぼうぎょがわ》は 相手《あいて》の攻撃力《こうげきりょく》を 見極《みきわ》めた上《うえ》で
始《はじ》め!!
じゃ オレからな
右足《みぎあし》!! 攻防力《こうぼうりょく》55!!
右足《みぎあし》…! 攻防力《こうぼうりょく》60……かな?
左手《ひだりて》!! 攻防力《こうぼうりょく》60……!!

右拳《みぎこぶし》!! 攻防力《こうぼうりょく》80!!
左《ひだり》ひじ!! 攻防力《こうぼうりょく》80!!
ズズ…

知《し》らない奴《やつ》がここだけ見《み》たらスローモーションで遊《あそ》んでるように思《おも》うだろうね
しかし これは最《もっと》も高度《こうど》な組《く》み手《て》の1つ「流々舞《るるぶ》」を元《もと》にしている
「流々舞《るるぶ》」
基本技《きほんわざ》1つ1つの流《なが》れを確認《かくにん》するため あえて 緩《ゆる》やかに攻防《こうぼう》をおこなう組《く》み打《う》ち
達人《たつじん》の相手《あいて》をする場合《ばあい》レベルの低《ひく》い使《つか》い手《て》ではどんなに ゆっくりと技《わざ》を出《だ》されても 受《う》け切《き》れないため 同等《どうとう》の技量《ぎりょう》の者同士《ものどうし》でないと 有効《ゆうこう》な効果《こうか》が得《え》られない
焦《あせ》らず丁寧《ていねい》に技《わざ》のやりとりをすること!
2か月《げつ》ぐらい 毎日《まいにち》これを続《つづ》ければ 全力《ぜんりょく》の速《はや》さで「流《リュウ》」を行《おこな》いながら闘《たたか》えるようになるだろうね
その次《つぎ》はいよいよ最終段階《さいしゅうだんかい》…!!

さて 諸君《しょくん》
現在《げんざい》 この空間《くうかん》には 90種類《しゅるい》133枚《まい》の 指定《してい》ポケット カードがある
諸君《しょくん》の 努力《どりょく》の賜《たまもの》だ 礼《れい》を言《い》おう

残《のこ》り10枚《まい》のうち7枚《まい》は所在《しょざい》も判明《はんめい》…
所有者《しょゆうしゃ》の保持《ほじ》している残《のこ》りのカードも把握《はあく》している
手《て》に入《い》れたも同然《どうぜん》だ
ただ1人《ひとり》…というかグループだが
ツェズゲラが率《ひき》いる連中《れんちゅう》も同程度《どうていど》の指定《してい》カードを持《も》っているものと考《かんが》えられるが
ガードが固《かた》くて情報《じょうほう》が得《え》られない
おそらく奴等《やつら》との直接対決《ちょくせつたいけつ》が最後《さいご》のハードルだろう
しかし呪文《スペル》カードは質《しつ》・量《りょう》ともこちらが圧倒《あっとう》しているはず
遭遇《そうぐう》さえしてしまえば確実《かくじつ》にこちらが有利《ゆうり》なことに変《か》わりない
諸君《しょくん》!! 我々《われわれ》の勝利《しょうり》は目前《もくぜん》だ!!
オオオオオ
ザワ ザワ ザワ
1つ
オレからもいいか?

5年《ねん》…
長《なが》かったような短《みじか》かったような…
ここで皆《みな》さんに
言《い》っておかねばならないことがある
オレは「爆弾魔《ボマー》」だ
ざわ…
ざわ…
どよ
どよ
おおい一体《いったい》何《なに》を
ざわ…
ざわ…
まあまあ聞《き》いてくれ
これは他《ほか》の初期《しょき》メンバー9人《にん》も知《し》らないことだ
決《けっ》して彼《かれ》ら9人《にん》はオレの共謀者《きょうぼうしゃ》ではないので問《と》いつめないでやってくれ
ざわ
ざわ
どよ…
どよ…
さて本題《ほんだい》だが

君達全員《きみたちぜんいん》の体《からだ》に爆弾《ばくだん》を仕掛《しか》けた
!?
何《なん》だと!? 一体《たい》どうやって……
キサマふざけるなよ!!
まあ冷静《れいせい》に聞《き》いてくれ
これが落《お》ち着《つ》いていられるか
殺すぞてめェ

!!!!
ドォーー…!!
やれやれ……
説明《せつめい》の順序《じゅんじょ》が狂《くる》ってしまったな……

ごらんのように
オレは 手《て》でつかんだものを爆破《ばくは》できる
ピク
ピク
ま……つかめる大《おお》きさの限界《げんかい》は バスケットボールぐらいだ
これは皆《みな》さんに仕掛《しか》けた爆弾《ばくだん》とはまた別《べつ》の能力《のうりょく》………
威力《いりょく》はさほどない…彼《かれ》も一命《いめい》はとりとめたようだ
だが 皆《みな》さんにしかけた爆弾《ばくだん》が爆発《ばくはつ》すれば
確実《かくじつ》に死《し》ぬと言《い》っておこう
それではこれから
爆弾《ばくだん》を解除《かいじょ》する方法《ほうほう》を教《おし》えよう
ニコッ

見ないで描いてみよう②

No.《ナンバー》143◆「命の音《カウントダウン》」

まず どうやって 君達全員《きみたちぜんいん》に 爆弾《ばくだん》を しかけたか
それから 説明《せつめい》しよう
オレの能力《のうりょく》 「命の音《カウントダウン》」は
対象者《ターゲット》の 爆破《ばくは》させたい箇所《かしょ》に 触《ふ》れながら 「あるキーワード」を 言《い》うことで
取《と》りつける ことが できる
キーワードは 「爆弾魔《ボマー》」

!!
「爆弾魔《ボマー》」がまた出《で》たらしい…
「爆弾魔《ボマー》」に気《き》をつけろよ
あいつみたいにハラの中味《なかみ》ぶちまけないようにな…
これを解除《かいじょ》するためには
オレの体《からだ》に触《ふ》れながら「爆弾魔《ボマー》 捕《つか》まえた」と言《い》わなければならない
ビクン
ビググ
ただし 先程《さきほど》見《み》てもらった様《よう》に オレにはもう1つの能力《のうりょく》
「一握りの火薬《リトルフラワー》」がある
これを使《つか》いオレは解除《かいじょ》を阻止《そし》する…!

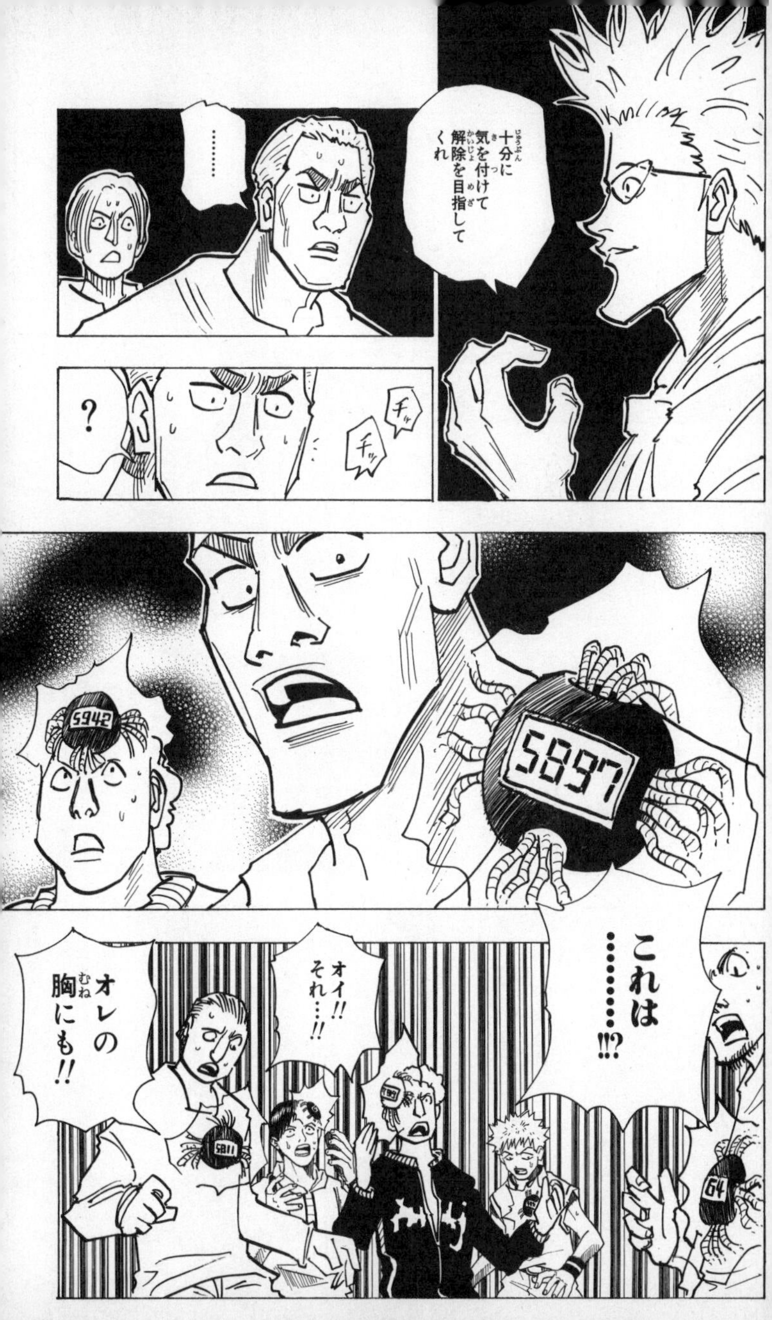
十分《じゅうぶん》に気《き》を付《つ》けて解除《かいじょ》を目指《めざ》してくれ
……
チッ
チッ
?
5897
5942
これは……!!?
オイ!! それ…!!
オレの胸《むね》にも!!

作動《さどう》したね
なぜ ペラペラペラペラ 自分《じぶん》の能力《のうりょく》について 話《はな》したか 不思議《ふしぎ》だろう?
それが 発動条件《はつどうじょうけん》 だからだ
対象者《ターゲット》の 目《め》の前《まえ》で能力《のうりょく》に ついて きちんと 説明《せつめい》する
それが 爆弾作動《ばくだんさどう》の 条件《じょうけん》
そこでカードも 仲間《なかま》も 一斉《いっせい》に 集合《しゅうごう》する日《ひ》を 狙《ねら》っていたわけだ
まぁね
これ以上《いじょう》 枚数《まいすう》が 集《あつ》まると別《べつ》の 欲張《よくば》り者《もの》が現《あらわ》れる とも限《かぎ》らないしな
さて… ここで 提案《ていあん》する
君達《きみたち》の命《いのち》と 指定《してい》ポケットカード90種《しゅ》 を交換《こうかん》したい…… ああ オレがすでに9枚《まい》 持《も》ってるから81種《しゅ》か
そうすれば 「もう1つの解除法《かいじょほう》」で 皆《みな》さん全員《ぜんいん》の 爆弾《ばくだん》を一斉解除《いっせいかいじょ》する

皆《みな》さんで相談《そうだん》して決《き》めてくれ
取《と》り引《ひ》き場所《ばしょ》はバッテラ氏所有《ししょゆう》の古城《こじょう》… つまりゲーム機《き》が置《お》いてある場所《ばしょ》だ
誰《だれ》でもいいが1人《ひとり》だけで来《く》ること
お前《まえ》さん頭《あたま》は確《たし》かか？
オレ達《たち》があんたを捉《とら》えて解除《かいじょ》ワードを言《い》えば済《す》むこと
ここから逃《に》げられると思《おも》うのか？
無事《ぶじ》で済《す》むと思《おも》うなよ…！
取《と》り引《ひ》きするわけがねェだろ？
ニィ
ボム!!
ブック！
しまっ
バッ
くっ

「離脱《リーブ》」使用《オン》!!
ハハハハハ それでは再会《さいかい》をいのる!!
……
ゲーム外《がい》に逃《に》げやがった……!!
オレ達《たち》も「離脱《リーブ》」で追《お》いかけよう!!
まだ間《ま》に合《あ》う!!
まて!! 今《いま》そのまま出《で》たら本内《バインダーない》の呪文《スペル》カードが消える!!
追《お》う者《もの》はまず本内《バインダーない》のフリーポケットカードを別《べつ》の者《もの》に渡《わた》せ!!
せっかくの作戦《さくせん》がパーになるぞ!!
ちょっと待《ま》てよ もし ゲーム外《がい》で奴《やつ》を逃《に》がしたらどうなる?
全員《ぜんいん》時間《じかん》切《ぎ》れで死《し》んじまうぞ
それより取《と》り引《ひ》きをして…
バカ言《い》うな!!
仮《かり》にカードを渡《わた》しても 奴《やつ》が本当《ほんとう》に爆弾《ばくだん》を解除《かいじょ》するって保証《ほしょう》は!?

落《お》ち着《つ》け!!
多人数《たにんずう》で追《お》いかけるのは得策《とくさく》ではない!!
オレ達《たち》がなぜ徒党《ととう》を組《く》んだのか忘《わす》れたか!!
戦闘能力《せんとうのうりょく》に欠《か》けてたからだろう!!
おそらく奴《やつ》は外《そと》で本当《ほんとう》の仲間《なかま》と共《とも》に いるだろう
化《ば》けの皮《かわ》をはいだ さっきのアイツは完全《かんぜん》な武闘派《ぶとうは》だ!!
この中《なか》に奴《やつ》を倒《たお》す自信《じしん》のある使《つか》い手《て》などいるのか!?
ムリだな… 相当《そうとう》の実力者《じつりょくしゃ》だぞ アイツは
具現化《ぐげんか》した爆弾《ばくだん》を同時《どうじ》に60以上《いじょう》!! しかも致命傷《ちめいしょう》に十分《じゅうぶん》な威力《いりょく》を持《も》たせ おまけに時限装置《じげんそうち》の機能《きのう》も果《は》たしている

放出《ほうしゅつ》・操作《そうさ》・具現《ぐげん》という 3つの系統《けいとう》をバランス良《よ》く使《つか》いこなす念《ネン》のレベル
加《くわ》えて あの身《み》のこなし… 仮《かり》にここにいる全員《ぜんいん》が一斉《いっせい》に かかっていったところで
リトルフラワーとやらで返《かえ》り討《う》ちだろう
……
くそ……っ
ここまで…ここまで来《き》たのに……!!
おそろしい奴《やつ》だよ
5年前《ねんまえ》… いや おそらくもっと前《まえ》から計画《けいかく》してたんだ
ゲーム内《ない》で 奴《やつ》が「爆弾魔《ボマー》」を名乗《なの》りプレイヤー狩《が》りをしていたのは…
多人数《たにんずう》にキーワードとして使用《しよう》しても不自然《ふしぜん》に思《おも》われないため……
それだけのために 何人《なんにん》も人《ひと》を殺《ころ》してたってのか!?
それだけ?
冗談《じょうだん》じゃねェ 500億《おく》だぜ!!
あのヤロウ……あのヤロォ〜〜〜〜〜
?……

ちょっと…
数字《すうじ》の進《すす》みが違《ちが》うわよ!!
?
!
本当《ほんとう》だ……!!
5030
おおおい オレの方《ほう》が速《はや》いんじゃねーか!?
どういうことだ!?
誰《だれ》かわかんねーのかよ!!
………
プーハット オレの数字《すうじ》を読《よ》み上《あ》げてくれ……
下一《しもひと》ケタだけでいい
9
8
7
6
心拍数《しんぱくすう》だ
!
この爆弾《ばくだん》のカウントは心拍数《しんぱくすう》とリンクしている
ゆえに興奮《こうふん》したり運動《うんどう》したりして心拍数《しんぱくすう》が上《あ》がればカウントも早《はや》くなる

カウントは6000からスタート
平常時《へいじょうじ》ならおよそ1時間《じかん》で0になる…
それがわかったからって何《なん》の解決《かいけつ》にもならねーじゃねーか!!
興奮《こうふん》するなリミットが早《はや》まるぞ
とにかく
全員《ぜんいん》の意志《いし》を統一《とういつ》する必要《ひつよう》がある
カードを渡《わた》すか奴《やつ》(等《ら》)と戦《たたか》うか
カードを渡《わた》すしかないだろう
うむ
お前《まえ》らは配分《はいぶん》が少《すく》ないからそんなことが言《い》えるんだ!!
オレは20億《おく》だぞ!!くそ~~~~~!!
死《し》んだら意味《いみ》ねェだろ
あの世《よ》で別荘《べっそう》でも買《か》うか?
何《なん》だァ!? テメェ コラ
やめろよカウントが早《はや》まるだろが放《はな》せ!!
どうにかできねぇのかよこれよォ
4681

ジスパーのカウントが
3500をすでに切《き》っている……
しっかりしろ!!
こいつにはリミット以上《いじょう》に時間《じかん》がない
カードを……渡《わた》してくれ!!
頼《たの》む…!

ブゥ

意外《いがい》だな
てっきりニッケスが来《く》ると思《おも》っていたが
こっちもな
複数《ふくすう》で待《ま》ち構《かま》えてると思《おも》ってたぜ
ん？
その通《とお》りだよ？
!!
スゥ…
気配《けはい》に気付《きづ》かないのも無理《むり》はない
2人《ふたり》とも一流《いちりゅう》の使《つか》い手《て》だからな
早速《さっそく》だが指輪《ゆびわ》をもらおうか

……
どうした？
まだ渡《わた》せない
……というより結論《けつろん》が出《で》ていない
特《とく》にニッケスはひん死《し》のジスパーのために「大天使《だいてんし》の息吹《いぶき》」を使《つか》わせてくれと言《い》っている
……ふざけるな
何《なん》なら今《いま》から行《い》ってオレが とどめを刺《さ》してやろうか？
さっさと戻《もど》って残《のこ》りの指定《してい》ポケットカード81枚《まい》を持《も》って来《こ》い!!
……
このままだと共倒《ともだお》れだぞ…!
何《なに》？
あんたが思《おも》っている以上《いじょう》に みんな混乱《こんらん》している
結論《けつろん》が出《で》ないままタイムオーバーで全員爆死《ぜんいんばくし》したら指輪《ゆびわ》のデータは消《き》えてしまうぞ!!
だがオレなら…
「オレなら上手《うま》く仲立《なかだ》ちできる」とでも？

恩《おん》を売《う》ってあわよくばこっちの仲間《なかま》になるハラか
それでも交渉《こうしょう》のつもりか?
本当《ほんとう》の駆《か》け引《ひ》きってやつを見《み》せてやろうか?
ギリ ギリ
ギリ ギリ
いかに冷静《れいせい》でイカレてるか相手《あいて》に理解《りかい》させるのがコツだ
まっ
待《ま》て!! オレを殺《ころ》したら
オレの指輪《ゆびわ》の指定《してい》ポベ!!
ボッ
心配《しんぱい》するな
ゲームの外《そと》ではプレイヤーを殺《ころ》して指輪《ゆびわ》を奪《うば》っても指定《してい》ポケットのカードデータは消《き》えない…実験済《じっけんず》みだ
オレは これを裏《うら》ルールと呼《よ》んでいる
ま…どうせお前《まえ》はカードを持《も》ってやしないだろうがな

ヒュオオオオオオ
No.144◆「解放《リリース》」
カツカツ
うっ…!!
土産《みやげ》だ
ザ…
SEVEN ELITE

もし次《つぎ》!!
指定《してい》ポケットカード81種《しゅ》を持《も》ってこなかったら
交渉《こうしょう》中止《ちゅうし》だ
「離脱《リーブ》」
?
呪文《スペル》カードだよ「離脱《リーブ》」!
ゲーム外《あっち》へ戻《もど》るからよこせ
ふざけるな「離脱《リーブ》」はとても貴重《きちょう》なんだぞ!! ホイホイと渡《わた》せるか!!
おい
……
そうかじゃあしかたないな
オレが戻《もど》らないとお前達《まえたち》の爆弾《ばくだん》を一斉解除《いっせいかいじょ》するのはムリなんだが
実《じつ》はオレも「爆弾魔《ボマー》」だ
!?
何《なに》?
ま… ゲンスルーが本体《ほんたい》ならオレ達《たち》は備品《びひん》みたいなもんだが
ヒュオオオ
「爆弾魔《ボマー》」は3人《にん》いるのさ

3人《にん》が右手親指《みぎておやゆび》を合《あ》わせて キーワードを言《い》うと 対象者《ターゲット》に取《と》り付《つ》けられた爆弾《ばくだん》は消滅《しょうめつ》する
それが もう1つの解除法《かいじょほう》だ
ま… すぐに戻《もど》れないんなら しかたないさ
オレは正規《せいき》のルートで ゆっくり戻《もど》るから…
お前《まえ》らはしばらくしたら死《し》んでくれ
ちょ
待《ま》ってくれ!!
使《つか》ってくれ ………!
ん

始《はじ》めからそうしろ…!!グズがよ
次《つぎ》の交渉《こうしょう》のときも「離脱《リーブ》」が必要《ひつよう》だ!
3枚《まい》用意《ようい》しとけいいな!
ドギュン
ようやくお出《で》ましか
さあ指輪《ゆびわ》をよこせ

ジスパは……死《し》んだよ
そうか
指輪《ゆびわ》
全員《ぜんいん》の解除《かいじょ》が先《さき》だ！
ふざけんな
これから その指輪《ゆびわ》を持《も》って ゲーム内《ない》に入《はい》って 本当《ほんとう》にカードが 全部《ぜんぶ》入《はい》ってるか どうか確認《かくにん》しなきゃ ならないんだ
ゲーム外《がい》じゃ本《バインダー》を出《だ》せないからな
解除《かいじょ》はその後《あと》だ！
あと一回《かい》しか言《い》わないぞ 指輪《ゆびわ》をよこせ
………
ふん
サブ はめとけ
オレでいいのか？
オレは自分《じぶん》のはめてるからな
ゲーム外《がい》で指輪《ゆびわ》を もう一個《こ》はめちまうと データが上書《うわが》きされて 元《もと》の指輪《ゆびわ》のデータが 消《き》えるんだよ
さて… それじゃ いっしょに中《なか》へ戻《もど》るか？
えーと お前《まえ》 誰《だれ》だっけ？
………

ヒュウウウウ
カツ
どうなったんだ!?
解除《かいじょ》はまだか!?
ブック!!
ボン!

おお
指定《してい》ポケットカード81種《しゅ》…
確《たし》かに受《う》け取《と》った
さあ条件通《じょうけんどお》りにしたぞ!!
爆弾《ばくだん》を解除《かいじょ》してくれ!!
もちろんだ約束《やくそく》は守《まも》る
その前《まえ》にオレ達《たち》がゲーム外《がい》へ戻《もど》るための「離脱《リーブ》」をくれ
OK《オーケー》取《と》り引《ひ》き成立《せいりつ》だ
サブ!バラ!
行《い》くぜ
「解放《リリース》」!!

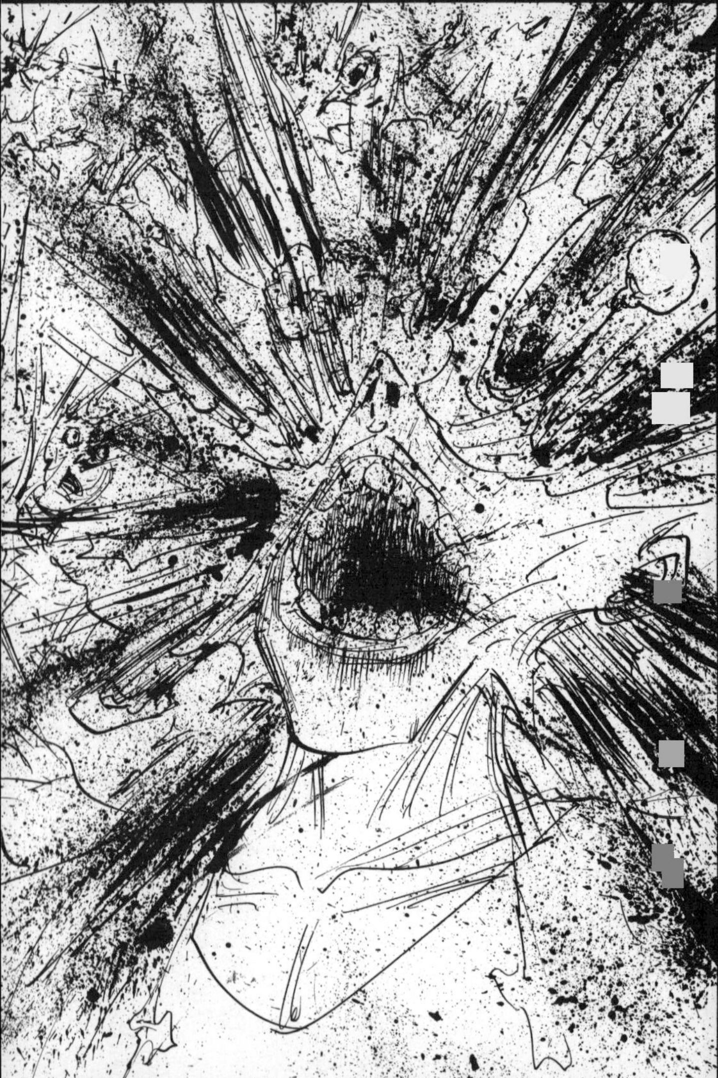

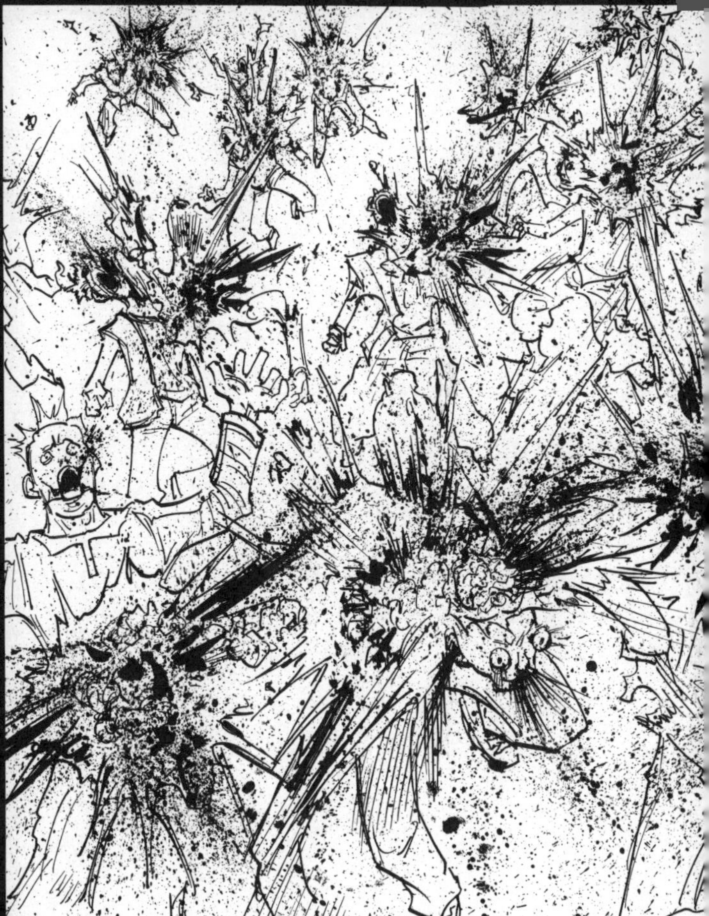

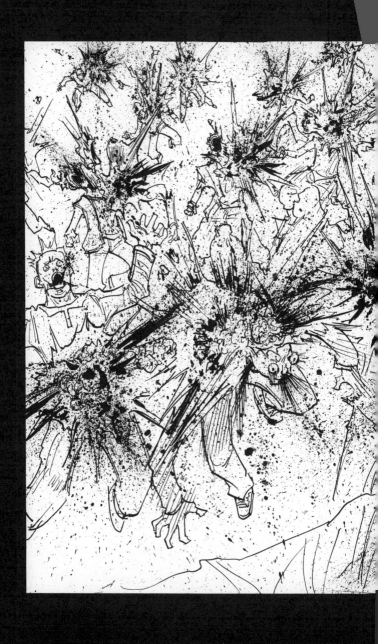

解放《かいほう》して
やったぜ…
くくくくく
恐怖《きょうふ》
からな
守《まも》るわきゃ
ねー―だろ
てめーらクズとの
約束《やくそく》なんてよォ
「解放《リリース》」は
解除《かいじょ》じゃなく
起爆《きばく》の合図《あいず》さ!!
ハハハハハハハ
アハアハアハ

ビュウウウ
や!!!
ダッ
ザッ
は!!!
ザ
ザ
ザ

よーーし
休《きゅう》けいい!!
ありがとう
ございました
——!!
あれから
2週間《しゅうかん》…
たいした
進歩《しんぽ》だわね
2か月《げつ》は
かかると
思《おも》ってたのに
あきれるばかり
だわさ
これなら
最終段階《さいしゅうだんかい》に
入《はい》っても問題《もんだい》
ないわね
!!
最後《さいご》は
系統別《けいとうべつ》の
修行《しゅぎょう》!
3!!
ピン
ポーン
3
引《ひ》き分《わ》け
!

ゴンは強化系《きょうかけい》
キルアは変化系《へんかけい》だったわね
自分《じぶん》の系統《けいとう》だけを修行《しゅぎょう》してもいいんだけど
ヒュオオオ
それだとどうしても応用《おうよう》のきかない使《つか》い手《て》になってしまうし効率《こうりつ》もよくない
理想《りそう》は山型《やまがた》！
？
自分《じぶん》の系統《けいとう》を中心《ちゅうしん》に そのとなりの系統《けいとう》も鍛《きた》える（特質《とくしつ》は別《べつ》だけど）
強化系の場合
その時間《じかん》の山《やま》のことよ
操 放 強 変 具
実《じつ》はバランス良《よ》く他《ほか》の系統《けいとう》の修行《しゅぎょう》もやると自系統《じけいとう》の覚《おぼ》えも早《はや》くなるの
ビシ!!
9!!
ピンポーン引《ひ》き分《わ》け
やるな
そっちこそ！
それじゃ始《はじ》めましょうか
オス!!

ビンゴ…!!
マジで現実《こっち》にあったようだな
まだわからんぜ偶然《ぐうぜん》かもしれねェ
市販《しはん》の地図《ちず》に記載《きさい》されてない私有《しゆう》の島《しま》なんて結構《けっこう》ゴロゴロあるからな
お心外《しんがい》だな
ゲーム内《ない》から持《も》ち帰《かえ》れた石《いし》の成分《せいぶん》植物《しょくぶつ》の生態域《せいたいいき》公共交通手段《こうきょうこうつうしゅだん》から隔離《かくり》された地理《ちり》
とにかく全《すべ》ての条件《じょうけん》がそうだと示《しめ》している

あれは間違《まちが》いなく
G・I《グリードアイランド》さ
ピタ
侵入者《しんにゅうしゃ》……

No.《ナンバー》145◆邪《じゃ》拳《けん》＝ジャンケン!?

あっ
割《わ》れちゃった
持《も》ってる石《いし》が割《わ》れたら終了《しゅうりょう》!
持《も》てる石《いし》は一日《にち》一個《こ》だけだからね
くそ━━
150までいけたのに
189!
かなりキツイぜ…
石《いし》の硬《かた》さを強化《きょうか》するための「周《シュウ》」と「硬《コウ》」の維持《いじ》…
イシパクトの瞬間《しゅんかん》に持《も》ってる石《いし》の周《まわ》りの攻防力《こうぼうりょく》を100にするだけなのに回数《かいすう》を重《かさ》ねてくると まず精神的《せいしんてき》な疲労《ひろう》が大《おお》きい…!
それから 急激《きゅうげき》な肉体《にくたい》の疲労《ひろう》
どんどん 念《ネン》の精度《せいど》が落《お》ちてきてるのがわかる…!

くっ
ドギャ!!
終《しゅう》了《りょう》〜〜〜
失敗《しっぱい》か
くそォー——
ドサッ
何《なに》言《い》ってんの 上出来《じょうでき》だわよ
普通《ふつう》100個《こ》クリアするのだって何週間《なんしゅうかん》もかかるのに
よーし じゃ次《つぎ》 変化系《へんかけい》の修行《しゅぎょう》しようぜ
まあまあ あわてなさんな
系統別《けいとうべつ》の修行《しゅぎょう》は一日《にち》一系統《けいとう》が原則《げんそく》!
基礎修行《きそしゅぎょう》がおろそかになっては意味《いみ》ないからね
6!!
ビシ!!
ピンポ——ン
引《ひ》き分《わ》け
またか
最近《さいきん》ずっとだね
それだけ2人共《ふたりとも》「凝《ギョウ》」が身《み》に付《つ》いてきたってことだわさ
でもつまんないね
よ——し ジャンケンで決《き》めようか

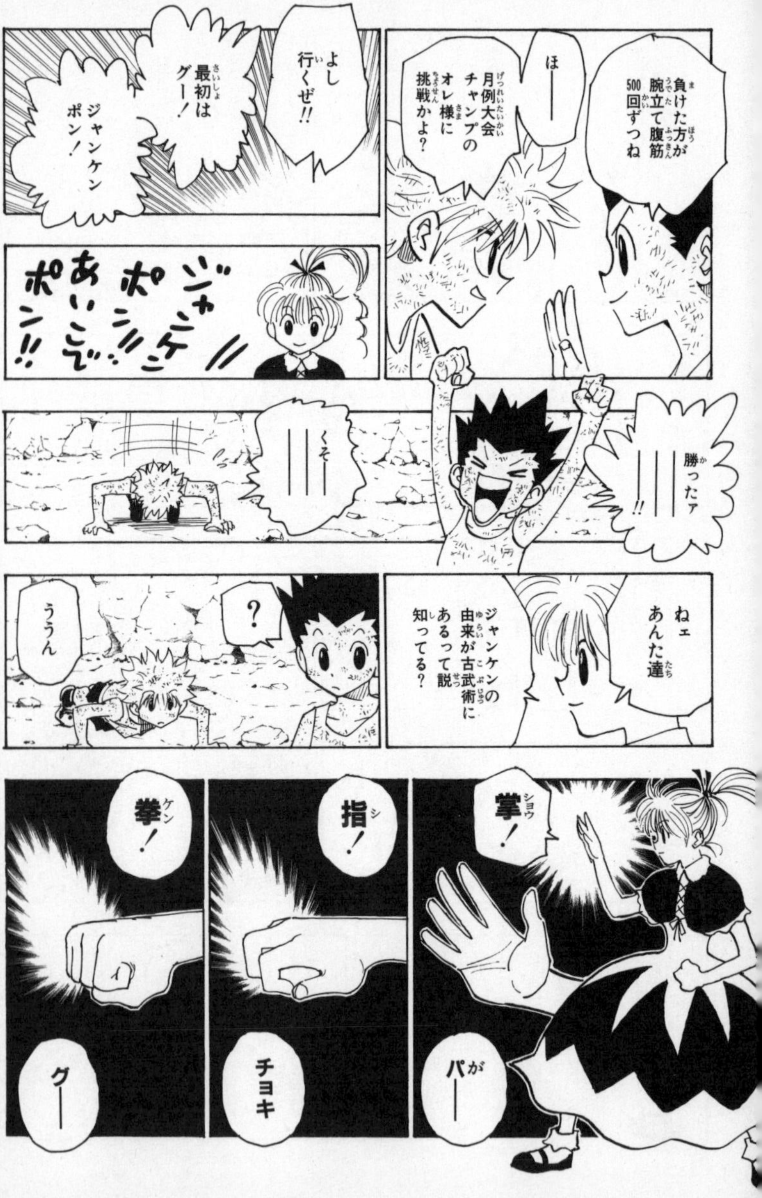

負《ま》けた方《ほう》が
腕立《うでた》て腹筋《ふっきん》
500回《かい》ずつね
ほーー
月例大会《げつれいたいかい》
チャンプの
オレ様《さま》に
挑戦《ちょうせん》かよ？
よし
行《い》くぜ!!
最初《さいしょ》は
グー！
ジャンケン
ポン！
ジャンケン
ポン!!
あいこで
ポン!!
勝《か》ったァ
ーー!!
くそ
ーー
ねェ
あんた達《たち》
ジャンケンの
由来《ゆらい》が古武術《こぶじゅつ》に
あるって説《せつ》
知《し》ってる？
？
ううん
掌《ショウ》！
パが
ーー
指《シ》！
チョキ
拳《ケン》！
グー

掌《ショウ》は
内臓《ないぞう》破壊《はかい》
指《シ》は
局部《きょくぶ》破壊《はかい》
拳《ケン》は
外部《がいぶ》破壊《はかい》
その昔《むかし》 破壊《はかい》のみを求《もと》めていると誤解《ごかい》されて 武術全般《ぶじゅつぜんぱん》が邪拳《じゃけん》と よばれ 迫害《はくがい》・禁止《きんし》されていた頃《ころ》…… 武闘家《ぶとうか》は戯《たわむ》れるふりをして修行《しゅぎょう》を続《つづ》けたという
ジャンケンの語源《ごげん》はその当時《とうじ》の邪拳《じゃけん》にあるって説《せつ》だわさ
さすが長《なが》く生《い》きてるだけあ
それだ……!
ゴン?
邪拳《じゃけん》…!!

デメで海水
吸い取れば？
ビショビショ
ピタ
さて……
ここは島《しま》の
どこらへん
だろうな
とりあえず
「同行《アカンパニー》」パクって
どっか飛《と》ぶか？

招《まね》かざる客《きゃく》は何年《なんねん》ぶりだろうな
緊張《きんちょう》するね
念《ねん》のため聞《き》くが漂流者《ひょうりゅうしゃ》じゃあないだろ？
潮流《ちょうりゅう》の関係《かんけい》で波《なみ》にまかせてるだけじゃ絶対《ぜったい》に着《つ》かない島《しま》だしな

強《つえ》エなコイツ……
誰《だれ》だ? お前《まえ》
道案内《みちあんない》でもしてくれんのか?
このゲームの製作者《せいさくしゃ》の1人《ひとり》だ
レイザーと言《い》う
主《おも》に放出系《ほうしゅつけい》のシステムを担当《たんとう》している
呪文《スペル》での移動《いどう》とか外敵対策《がいてきたいさく》
ゴソ‥
!
―003
排除《エリミネイト》
―
RULER ONLY
G・I《グリードアイランド》に不当《ふとう》な方法《ほうほう》で侵入《しんにゅう》した者《もの》すべてをアイジエン大陸《たいりく》のどこかへ飛《と》ばす
遠
特
ゲームマスターだけが使《つか》える特別呪文《とくべつスペル》…!
外法《げほう》には外法《げほう》を…
あいにくだが出《で》ていってもらおう

正《ただ》しく入島《にゅうとう》するなら歓迎《かんげい》しよう
ちなみにオレを負《ま》かせば手《て》に入《はい》るアイテムもあるから
プレイするならそのうち戦《たたか》うこともあるだろう
ビキ・・
いいだろうまた来《く》るぜ
ちゃんと玄関《げんかん》からな
「排除《エリミネイト》」使用《オン》!!
ドギュッ
うーーむ
すごい使《つか》い手《て》の集《あつ》まりだなァ

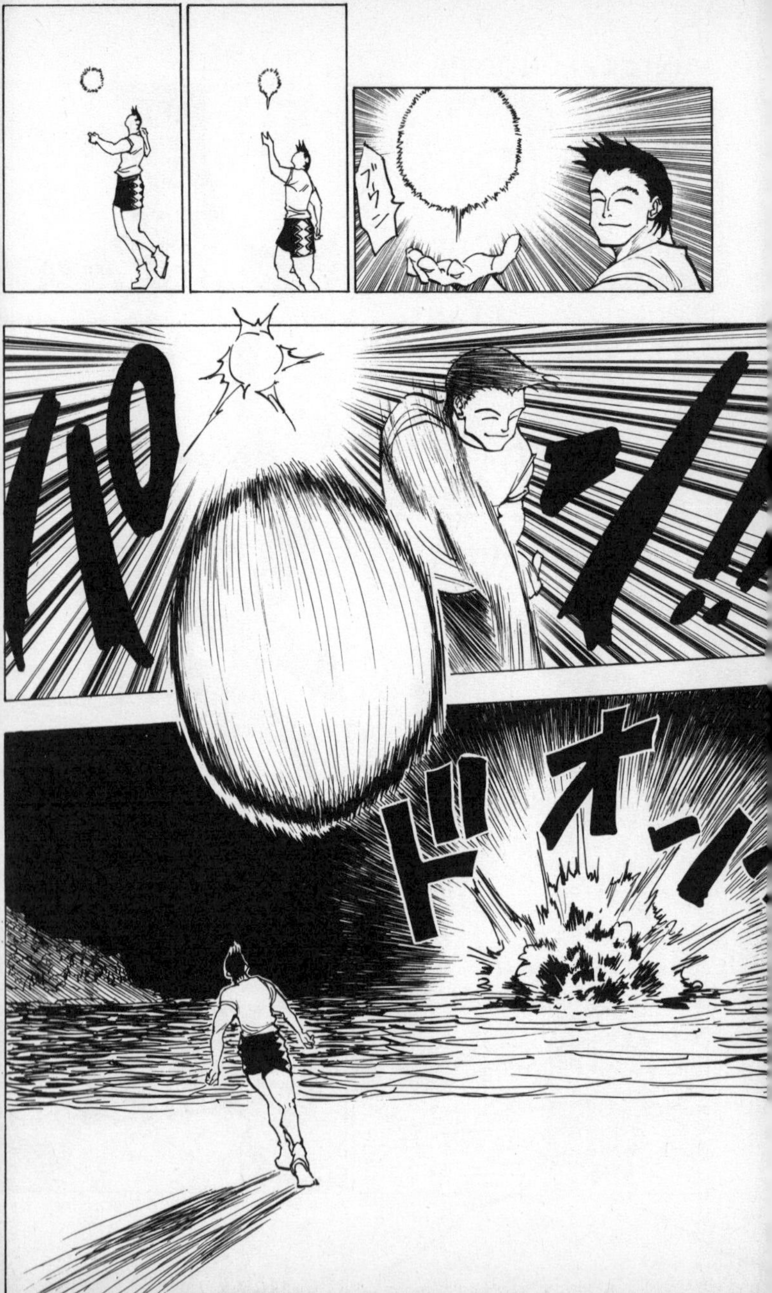
ブゥン
パン!!!
ドオー

最初《さいしょ》は
ググゲ
グー……！
ジャン！
ケン!!

グー!!!

おー…っ
成《な》る程《ほど》
次《つぎ》ね!
キィイン
最初《さいしょ》は
グー!
ジャン!
ケン!!
パー!!!

……
ビスケ
どうやったら念《ネン》を飛《と》ばせるの?
修行《しゅぎょう》!
…
アイジエン大陸

グーが強化系《きょうかけい》 パーが放出系《ほうしゅつけい》
ってことは チョキは 変化系《へんかけい》？
うん
ジャン！ケン！
チーー‼
……で
ズバッと 岩《いわ》とか 切《き》りたいんだ けど
なるほど 刃状《やいばじょう》に変化《へんか》 するわけね
なかなか 理《り》に かなってるわね
発想《はっそう》は ガキだけど
拳《こぶし》に念《ネン》を込《こ》める時《とき》 どうしても 時間《じかん》が かかる でしょ？
どうせなら その間《あいだ》 何《なに》か しっくり くる方法《ほうほう》が ないかって ずっと考《かんが》えてたん だけど
ジャンケンの 話《はなし》を聞《き》いたとき ピーーンと きたんだ
オレ けっこう ジャンケン 好《す》きだし
ん
その直感《ちょっかん》は とても重要《じゅうよう》よ
No.《ナンバー》146◆アベンガネ①

念能力《ネンのうりょく》の とりわけ 特殊技《とくしゅわざ》ってのは フィーリングが 大事《だいじ》なの
「自分《じぶん》に合《あ》っている」っていう 認識《にんしき》がね
系統別《けいとうべつ》の修行《しゅぎょう》を しながら 何《なに》か 見《み》つけてくれれば いいと思《おも》ってたん だけど
あんたは 大丈夫《だいじょうぶ》だわね
あ── ゴホン！
パチッ
!!
ま… 今《いま》は この程度《ていど》 だけど
充電《じゅうでん》すれば 結構《けっこう》 電力《でんりょく》 上《あ》がるぜ

オレも準備《じゅんび》はOK《オーケー》!
あとは どんな応用技《おうようわざ》にするかをじっくり決《き》めるだけ…!
すごいやキルア!!
電気ウナギみたい
たとえワリーぞ
……
この年《とし》でオーラを電気《でんき》に変化《へんか》させるなんて……
おそろしい…
でもそれ以上《いじょう》に哀《かな》しいコ……
日常《にちじょう》が地獄《じごく》だったはず…
今《いま》こうして笑顔《えがお》でいられるのが奇跡的《きせきてき》なほどの……
ホントにいいコンビなのね…

じゃ 今日《きょう》は 休《やす》みに しよう かしらね
ちょっと 早《はや》いけど パーティーでも やる？
え？
2人《ふたり》の国《くに》では どんな祝《いわ》い方《かた》を するの？
祝《いわ》いって……？
んふふ 修行《しゅぎょう》に 夢中《むちゅう》で気付《きづ》か なかったでしょ？
もうすぐ 外《そと》の世界《せかい》は 新年《しんねん》よ
知《し》らなかった？
ゲームの中《なか》も 外《そと》と同《おな》じ時間《じかん》の 流《なが》れ… つまり リアルタイムなの
しまった……!!
ん？
ハンター試験《しけん》!!
…

あ
そか もう そんな時期《じき》だ
そろそろ申《もう》し込《こ》まないと間《ま》に合《あ》わないよ!!
ん―― せっかく修行《しゅぎょう》が面白《おもしろ》くなってきたとこなのにな―
でも ハンター試験《しけん》は年《ねん》一回《かい》だし
ねェ 今日《きょう》は何日《なんにち》?
12月《がつ》29日《にち》
試験《しけん》申《もう》し込《こ》みの〆切《しめき》りは12月《がつ》31日《にち》いっぱいだから確《たし》かにヤバイわね
それまでにはゲームの外《そと》に戻《もど》らなくちゃ!
どうやったら外《そと》に戻《もど》れるんだっけ?
え――と
たしか『ハメ組《ぐみ》』の奴《やつ》が「ある場所《ばしょ》へ行《い》ってある条件《じょうけん》をクリアする」とか言《い》ってたな
まあ 呪文《スペル》でも戻《もど》れるみたいなこと言《い》ってた気《き》も……
それじゃ まず魔法都市《マサドラ》まで行《い》ってみようか
賛成《さんせい》!!

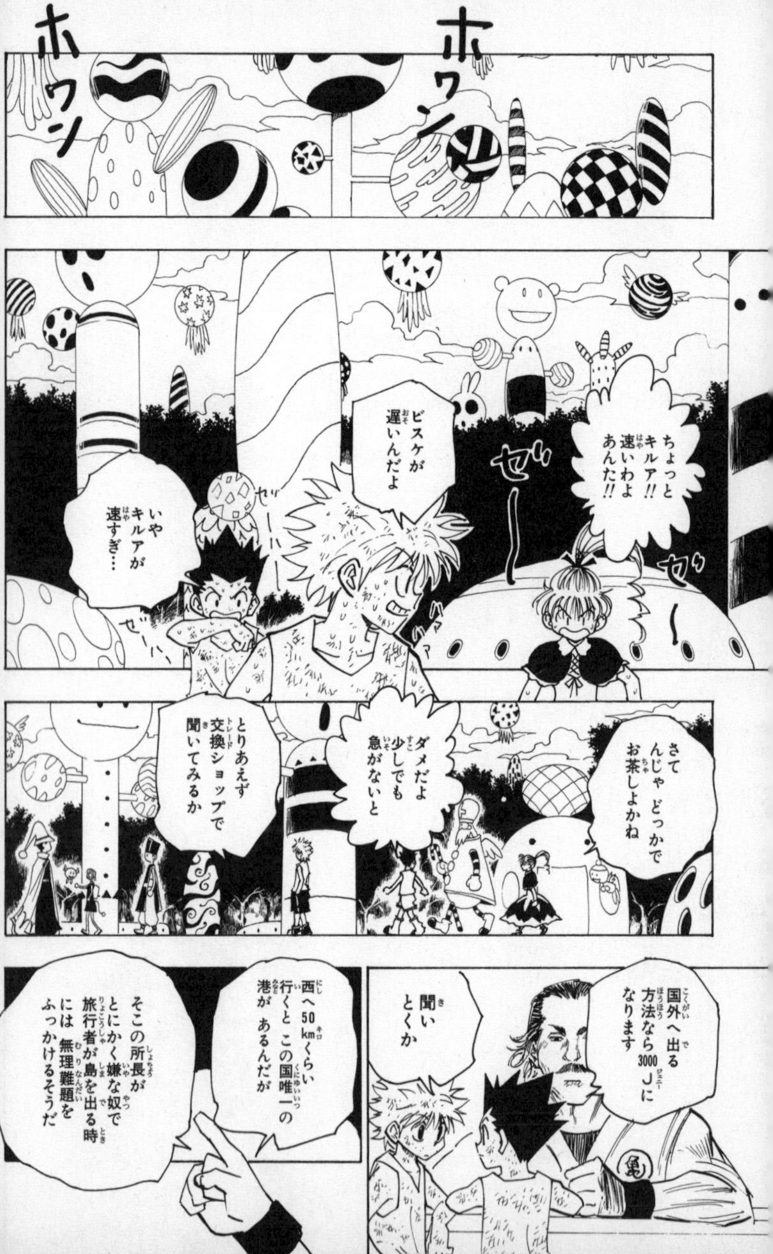
ホワン
ホワン
ちょっとキルア!!速《はや》いわよあんた!!
ゼー
ゼー
ビスケが遅《おそ》いんだよ
いやキルアが速《はや》すぎ…
さてんじゃ どっかでお茶《ちゃ》しよかね
ダメだよ少《すこ》しでも急《いそ》がないと
とりあえず交換《トレード》ショップで聞《き》いてみるか
国外《こくがい》へ出《で》る方法《ほうほう》なら3000J《ジェニー》になります
聞《き》いとくか
西《にし》へ50km《キロ》くらい行《い》くと この国唯一《くにゆいいつ》の港《みなと》が あるんだが
そこの所長《しょちょう》がとにかく嫌《いや》な奴《やつ》で旅行者《りょこうしゃ》が島《しま》を出《で》る時《とき》には 無理難題《むりなんだい》をふっかけるそうだ

まぁ 裏金《うらがね》をたっぷり渡《わた》せば見逃《みのが》してくれるそうだから
大金《たいきん》を用意《ようい》して 港《みなと》に行《い》くことだな
大金《たいきん》って…？
所長《しょちょう》のその時《とき》の気分《きぶん》次第《しだい》って話《はなし》だ
なるほど
もう1つ呪文《スペル》カードでも島《しま》の外《そと》に出《で》られるが
結構《けっこう》レアで入手《にゅうしゅ》に苦労《くろう》するかも知《し》れないから注意《ちゅうい》しな
どうする？
港《みなと》に行《い》くか ここで 呪文《スペル》カードを買《か》うか
ん——まぁ 港《みなと》だろうな
カードって最悪《さいあく》の場合《ばあい》いくら金使《かねつか》っても出《で》ない時《とき》あるだろ
限度枚数《げんどまいすう》MAX《マックス》だったりしたらさ
確《たし》かに
結局《けっきょく》またほとんど素通《すどお》りか
つくづくあの町《まち》に縁《えん》が ないね

「凝《ギョウ》」!!

ズバン!!
気《き》を付《つ》けろ
同《おな》じ格好《かっこう》してるけど
攻撃力《こうげきりょく》の強《つよ》いトコが
違《ちが》うぞ!!
確認《かくにん》!!
ザザザ
ビュッ!!
スッ
598
群狼《ぐんろう》の長《おさ》
C-45
群《む》れで旅人《たびびと》を襲《おそ》う狼《おおかみ》のリーダー
C《シー》クラスで最強《さいきょう》の体力《たいりょく》と
攻撃力《こうげきりょく》を誇《ほこ》る
長《おさ》を倒《たお》さないと部下《ぶか》の狼《おおかみ》は
際限《さいげん》なく出現《しゅつげん》する
ったく
可愛《かわ》いげない
くらい　優秀《ゆうしゅう》
だわね
怪物《かいぶつ》なら
多分《たぶん》　もう
B《ビー》クラスでも
楽勝《らくしょう》かも…

266
通行《つうこう》チケット
B-150
G・I《グリードアイランド》から出《で》る時《とき》に必要《ひつよう》な券《けん》
所長《しょちょう》から金《かね》で買《か》うか所長《しょちょう》を
倒《たお》すと入手《にゅうしゅ》できる
ちなみに無理難題《むりなんだい》をいくら
聞《き》いてもチケットはくれない
ジャン!!
それじゃ ソッコーで 合格《ごうかく》して 戻《もど》ってくるぜ
ゲイン!
うん!
ドーレ港《こう》のそばの 一本杉《いっぽんすぎ》のある山《やま》に キリコって魔獣《まじゅう》が 棲《す》んでるから
オレの友達《ともだち》だって 言《い》えば 今回《こんかい》の 会場《かいじょう》まで連《つ》れてって くれるよ
いいこと? 系統別修行《けいとうべつしゅぎょう》は 変《へん》・強《きょう》・変《へん》・具《ぐ》・変《へん》の ローテーションで やるのよ
ああ
んじゃあたし達《たち》は 魔法都市《マサドラ》に戻《もど》って 修行《しゅぎょう》を続《つづ》けよう かしらね
オス!!

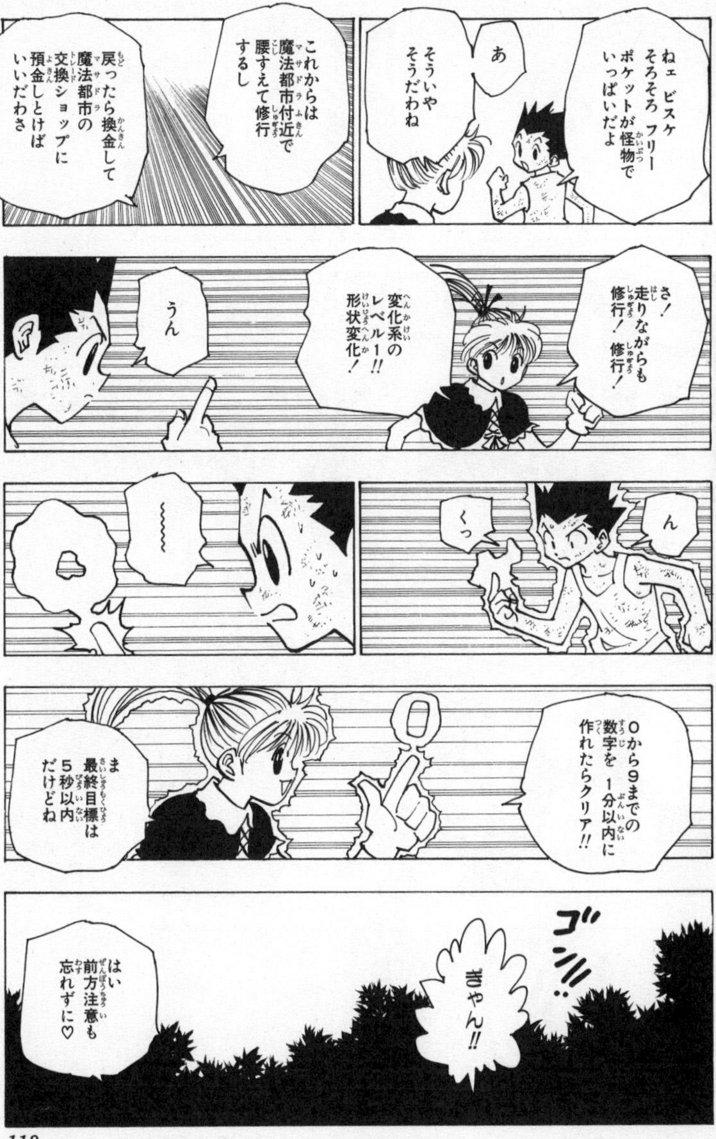
ねェ ビスケ そろそろ フリーポケットが怪物《かいぶつ》でいっぱいだよ
あ
そういや そうだわね
これからは魔法都市《マサドラ》付近《ふきん》で腰《こし》すえて修行《しゅぎょう》するし
戻《もど》ったら換金《かんきん》して魔法都市《マサドラ》の交換《トレード》ショップに預金《よきん》しとけばいいだわさ
さ！走《はし》りながらも修行《しゅぎょう》！修行《しゅぎょう》！
変化系《へんかけい》のレベル1!! 形状変化《けいじょうへんか》！
うん
ん
くっ
〜〜〜
0から9までの数字《すうじ》を 1分以内《ぷんいない》に作《つく》れたらクリア!!
ま 最終目標《さいしゅうもくひょう》は5秒以内《びょういない》だけどね
ゴン!!
ぎゃん!!
はい 前方注意《ぜんぽうちゅうい》も忘《わす》れずに♡

ウイ～ン
！
いらっしゃい
来《き》たトコと同《おな》じ……？
いや…違《ちが》うなあの女《おんな》も似《に》てるけど
まゲームじゃよくあることだけど
色《いろ》だけ変《か》えてキャラの数《かず》稼《かせ》いだりとか
島《しま》から出《で》るのですね？それでは行《い》き先《さき》を決《き》めて下《くだ》さい
選択《せんたく》できる港《みなと》は50以上《いじょう》ありますので希望《きぼう》の場所《ばしょ》を選《えら》んで下《くだ》さい

ドーレ港《こう》ってある？
はい ございます
んじゃ それで
かしこまりました
この島《しま》を出《で》ますとフリーポケットのカードデータは消滅《しょうめつ》してしまいますがよろしいですか？
ダイジョブヘーキ
それではまたの御来島《ごらいとう》をお待《ま》ちしております…
……
これで現実《げんじつ》に戻《もど》って来《き》たのか
なんか全然《ぜんぜん》実感《じっかん》ねー
……
ブック！

なるほど
現実《こっち》じゃ
使《つか》えないのか
うわ…
ホントだ
3か月《げつ》以上《いじょう》
たってるよ
15:08
23 12 1999
もう
申《もう》し込《こ》み
完了《かんりょう》！
タム！
ジー……
試験会場《しけんかいじょう》…
ビースカフマロ
知《し》らねーなァ
とりあえず
一本杉《いっぽんすぎ》 目指《めざ》すか
その前《まえ》に
シャワーと
着替《きが》えだな

あの音《おと》は……
イイヘイイン
ザシュ
……
もう1人《ひとり》の仲間《なかま》はいないのか…
あなたは……
……
その肩《かた》の機械《きかい》は…？一体《いったい》何《なに》があったのですか？
「爆弾魔《ボマー》」にやられた
まず話《はなし》を聞《き》いてくれ
4085

No.《ナンバー》147◆アベンガネ②

――と いうわけだ
オレ以外《いがい》の メンバーは アジトで 「爆弾魔《ボマー》」の 一斉解除《いっせいかいじょ》を 待《ま》っている
おそらくは 嘘《ブラフ》であろう 奴等《やつら》の条件《じょうけん》を 信《しん》じてな…
………
何《なん》とか… ならないの!? だって このままじゃ 時間《じかん》が来《き》たら
そうですね
たとえ何人《なんにん》か 「一握りの火薬《リトルフラワー》」で やられても 全員《ぜんいん》で かかれば おそらく 何十人《なんじゅうにん》かは…
………… ムリだな
犠牲《ぎせい》になるのは 最初《さいしょ》に奴等《やつら》に 飛《と》びかかる何人《なんにん》か または十何人《じゅうなんにん》か なわけだ
心理的《しんりてき》に誰《だれ》が そんな役《やく》を のぞむ?
最《もっと》も戦闘技術《せんとうぎじゅつ》に 長《た》けていたジスパが 目前《もくぜん》で あっさり やられた…
その時点《じてん》で 勝敗《しょうはい》は決《けっ》して いた… いや

奴《やつ》を むざむざ ゲーム外《がい》へ 逃《に》がしたのも 致命的《ちめいてき》だった
目《め》の前《まえ》の展開《てんかい》に 頭《あたま》が ついていかなかったと いうこともある…が
それぞれが 所持《しょじ》していたカードを 全《すべ》て確認《かくにん》し 整理《せいり》を し直《なお》した後《あと》…
いわば カードの シャッフル後《ご》とでも いうべき状況《じょうきょう》を 狙《ねら》われた点《てん》
手持《ても》ちカードと 役割《やくわり》の確認《かくにん》を する前《まえ》の一時《ひととき》の かちどき…
その緩《ゆる》みを つかれたのも 痛《いた》い
いや…
そうじゃなかったと しても おそらく あの状態《じょうたい》では対処《たいしょ》 できなかったろう
我々《われわれ》の呪文《スペル》に よる作戦《さくせん》は ①敵《てき》の攻撃呪文《こうげきスペル》を防《ふせ》ぐ ②敵《てき》の指定《してい》ポケット カードを奪《うば》う この2点《てん》を想定《そうてい》して マニュアル化《か》している
②に いたっては あらかじめ「盗視《スティール》」で 敵《てき》の呪文《スペル》カードを 把握《はあく》した上《うえ》での 作戦決行《さくせんけっこう》という 徹底管理《てっていかんり》…
それは 逆《ぎゃく》に言《い》えば 機転《きてん》の放棄《ほうき》…
なにしろ「離脱《リーブ》」は 我々《われわれ》が7割以上《わりいじょう》 所有《しょゆう》していた からな…
恥《は》ずかしい話《はなし》 オレ自身《じしん》 奴《やつ》が 「離脱《リーブ》」を唱《とな》える 瞬間《しゅんかん》まで
特《とく》に 今《いま》まで 「離脱《リーブ》」で逃《に》げる 相手《あいて》への対応《たいおう》は 一度《ど》として なかったはず…
ある種《しゅ》 冗談《じょうだん》の 様《よう》な あの場《ば》の 空気《くうき》に のまれ
奴《やつ》の説明《せつめい》を 理解《りかい》しようと することで 頭《あたま》が一杯《いっぱい》だった
全《まった》く前情報《まえじょうほう》の ない状態《じょうたい》から 奴《やつ》のペースに はまれば
おそらく 心理的《しんりてき》に作動《さどう》を 阻止《そし》する手《て》は ない…!

だから全《すべ》て話《はな》した
オレがこの島《しま》で遭《あ》った者《もの》の中《なか》で
おそらく君《きみ》らが最《もっと》も頼《たよ》りになると踏《ふ》んで…だ
できれば呪文《スペル》のことなども全部《ぜんぶ》伝《つた》えたいが時間《じかん》がない
残《のこ》りの時間《じかん》と呪文《スペル》カードを使《つか》ってあと何人《なんにん》かに伝《つた》えるつもりだ
君達《きみたち》も他《ほか》のプレイヤーに遭《あ》ったら「爆弾魔《ボマー》」についての情報《じょうほう》を教《おし》えてやってくれ
カラクリさえわかっていれば対策《たいさく》は立《た》つはず…!!
そしてできることなら…
オレ達《たち》の仇《かたき》を討《う》ってほしい…!
少《すく》なくとも決《けっ》して奴等《やつら》に
ゲームクリアなんてさせないでくれ
「再来《リターン》」使用《オン》!!
ブンゼンへ!!

シューウゥ…
………なんてな
実《じつ》は現在《いま》オレが「磁力」で会《あ》えるプレイヤーはあいつらだけだったんだが
ブタもおだてりゃ木《き》に登《のぼ》る
念解除《ネンかいじょ》の確率《かくりつ》は0.001%《パーセント》でも上《あ》げておいた方《ほう》がいい…
さて… そろそろニッケスが奴等《やつら》のところに向《む》かった頃《ころ》だろう
もしも奴《やつ》らの言《い》う一斉解除《いっせいかいじょ》が実《じつ》は一斉爆破《いっせいばくは》だとしたら もうヤバイな…
パチ
パチ
………始《はじ》めるか

ミガームラ サミンガードゥラ インテラミンガ ゼンベラルブラ
森《もり》の精霊《せいれい》よ 我《われ》に とりつきし 不浄《ふじょう》の念《ネン》を 取《と》り去《さ》り給《たま》え
シャ
シャ
キュ
キュ
さて…
鬼《おに》が出《で》るか 蛇《じゃ》が出《で》るか
ヒュッ

ゴォオオオ
でかい……!!
ち……っ
やはり「命の音《カウントダウン》」
相当《そうとう》 強《つよ》い
念《ネン》……!!

アベンガネの能力《のうりょく》!!
森《もり》の精霊《せいれい》の力《ちから》を借《か》り
(=森《イゴールもり》に棲《す》む生物《せいぶつ》の生命E《せいめいエネルギー》を集《あつ》め)
自《みずか》らの具現化能力《ぐげんかのうりょく》と合《あ》わせ
他人《たにん》の放《はな》った念能力《ネンのうりょく》を喰《く》う(払《はら》う)
念獣《ネンじゅう》を創《つく》り出《だ》す!!
念獣《ネンじゅう》の大《おお》きさ・風貌《ふうぼう》は
対象念能力《たいしょうネンのうりょく》によって異《こと》なるが
能力《のうりょく》の強《つよ》さ・性質《せいしつ》に準《じゅん》じる形態《けいたい》を
とる!! この生物《せいぶつ》は喰《く》った念能力《ネンのうりょく》の
使《つか》い手《て》が死《し》ぬか アベンガネが その
念能力《ネンのうりょく》の解除条件《かいじょじょうけん》を満《み》たすまでは
消《き》えない!!
ただし!!
すでに死《し》んでしまった
念能力者《ネンのうりょくしゃ》が遺《のこ》した
念《ネン》は いかに念獣《ネンじゅう》と
いえども 喰《く》うことは
できない!!

ジュル
ジュル
ジュル
ジュポン
ゲェップ
ふう
とりあえず爆死《ばくし》の心配《しんぱい》はなくなった…が…
厄介《やっかい》なパートナーが出来《でき》ちまったな
ズズ
ズズズ
ま……何《なん》にせよ姿《すがた》は隠《かく》すつもりだったが
「爆弾魔《ボマー》」はオレ達《たち》を全《すべ》て始末《しまつ》する…!!したと思《おも》い込《こ》むはず……!!
こら動《うご》くな
そこがつけ目《め》!!

さて
どうする?
変《か》わらないよ
予定通《よていどお》り やろう
助《たす》けられないなら… 次《つぎ》にオレ達《たち》ができるのは 彼等《かれら》の遺志《いし》をくむこと
そのためにはどうしたって強《つよ》さが要《い》るんだ
確《たし》かにね… 今《いま》手助《てだす》けしようにも呪文《スペル》カードが なきゃ彼等《かれら》のアジトにさえ行《い》けない
ここから魔法都市《マサドラ》に着《つ》く頃《ころ》にはすでにタイムオーバーだしね…
ねェ ビスケ オレの必殺技《ひっさつわざ》……
どのくらいで完成《かんせい》すると思《おも》う?
完成《かんせい》っていうとまだ何年《なんねん》も後《あと》の話《はなし》だわね
あんたの念《ネン》は まだまだ発展途上《はってんとじょう》
威力《いりょく》もスピードもピークはわからない
そう…
ただし
へなちょこでも型《かた》が完成《かんせい》するのはそんな先《さき》のことじゃないわさ
ホント!? いつ頃《ごろ》?
そうだわね

くんくん
くんくん
んーー たしかにゴンの 匂《にお》いがする
シャワー 浴《あ》びたんだけど なーー
会《あ》いたい ねーー
案内《あんない》するのは 大丈夫《だいじょうぶ》だよ 問題《もんだい》ない
ただ ここからだと 4日《か》くらいは かかるな
なるべく早《はや》く ゴンのとこ 戻《もど》りたいんだ
パーーッと 行《い》って サーーッと 合格《ごうかく》してさ
そうは言《い》っても 試験《しけん》が始《はじ》まる日《ひ》は 決《き》まってるしね
あ そか
試験前日《しけんぜんじつ》には 着《つ》くように 連《つ》れて行《い》くよ
その間《あいだ》 ゴンと あんたの話《はなし》を 聞《き》かせておくれ
ゴンからは 試験合格《しけんごうかく》まで しか 聞《き》いて ないからさ
OK《オーケー》
んじゃ あいつが オレん家《ち》 来た とこから 話《はな》そうか

キルアが
戻《もど》るまでには
完成《かんせい》…!!
試験《しけん》は 1月《がつ》7日《か》から
始《はじ》まって長《なが》くて
1か月《げつ》 早《はや》ければ
1週間程《しゅうかんほど》で終《お》わる
年《とし》もある
どちらにしろ
2週間《しゅうかん》くらいは
あるわけだわね
ま 多分《たぶん》
間《ま》に合《あ》うわさ
よーし
絶対《ぜったい》 完成《かんせい》させて
驚《おどろ》かしてやるぞ
ボワン
ボワン
ボワン
変化系《へんかけい》の
修行《しゅぎょう》が クリア
できたらの話《はなし》
だわね
放出と比べて
かなり苦手と
みた
これ すごく
ムズカシイん
だよーー!!

ビスケ
やっぱり…一度《ど》彼等《かれら》のアジトに行《い》ってみようよ
……
もう時間《じかん》は切《き》れてるし…なにより詳《くわ》しい場所《ばしょ》さえ聞《き》いてないんだわよ?
仮《かり》に場所《ばしょ》がわかっても 行《い》くのに必要《ひつよう》だと思《おも》われる呪文《スペル》カードは1枚《まい》も持《も》ってないし
わかってるでも…!
もしかしたら爆発《ばくはつ》で死《し》んでない人《ひと》も いるかもしれないでしょ?
いないわね
標的《ひょうてき》に気《き》付《つ》かれることなく 爆弾《ばくだん》をとり付《つ》けることができるのにそんなミスはしないわさ
ただ…「爆弾魔《ボマー》」はゲームを続《つづ》ければぶつかる可能性《かのうせい》の高《たか》い相手《あいて》…
そういう意味《いみ》じゃアジトへは近《ちか》い時期《じき》に行《い》く必要《ひつよう》は ある
何《なに》か手掛《てが》かりがあるかもしれないしね

確《たし》かに 呪文《スペル》カードは 集《あつ》め始《はじ》めた方《ほう》がいい 頃《ころ》だわね
怪物《かいぶつ》カード 換金《かんきん》して 呪文《スペル》カードの店《みせ》 行《い》く？
！
うん!!
お客様《きゃくさま》 運《うん》がいいわよ ずっと品切《しなぎ》れ だったのだけど
つい さっき 大量《たいりょう》に入荷《にゅうか》 できたの
彼等《かれら》が 集《あつ》めてた 呪文《スペル》カードだ…
呪文《スペル》カードを買《か》う 時《とき》のルールだけど 袋《ふくろ》は お店《みせ》の中《なか》で 開《あ》けてね
購入《こうにゅう》したカードは 本《バインダー》に入《い》れて 持《も》ち帰《かえ》る決《き》まりなの
入《はい》り切《き》らないカードは 店《みせ》を出《で》たとたんに 消《き》えちゃうから 数《かず》を考《かんが》えて買《か》ってね
ポケットに少々《しょうしょう》 余裕《よゆう》を 残《のこ》しつつも…
なるべく 買《か》って おきたいね

結果《けっか》……
2人《ふたり》で
呪文《スペル》カード
60枚《まい》!!
盗視《スティール》×2
透視《フルラスコピー》×2
防壁《ディフェンシブウォール》×8
反射《リフレクション》×3
磁力《マグネティックフォース》×1
再来《リターン》×4
初心《デパーチャー》×1
離脱《リーブ》×2
念視《サイトビジョン》×1
漂流《ドリフト》×1
衝突《コリジョン》×1
城門《キャッスルゲート》×4
強奪《ロブ》×1
看破《ペネトレイト》×1
暗幕《ブラックアウトカーテン》×3
追跡《トレース》×1
道標《ガイドポスト》×1
解析《アナリシス》×6
宝籤《ロトリー》×4
堅牢《プリズン》×1
再生《リサイクル》×1
名簿《リスト》×5
同行《アカンパニー》×2
交信《コンタクト》×4
1035
堅牢《プリズン》
S-10
指定《してい》したページのポケットに入《はい》っている
カードは ポケットに入《はい》っている限《かぎ》り
永続的《えいぞくてき》に呪文《スペル》による奪取《だっしゅ》・破壊《はかい》の
対象《たいしょう》にならない（指定《してい》できるページは
1から11までのいずれかに限《かぎ》り フリー
ポケットのページは選《えら》べない）
防
継

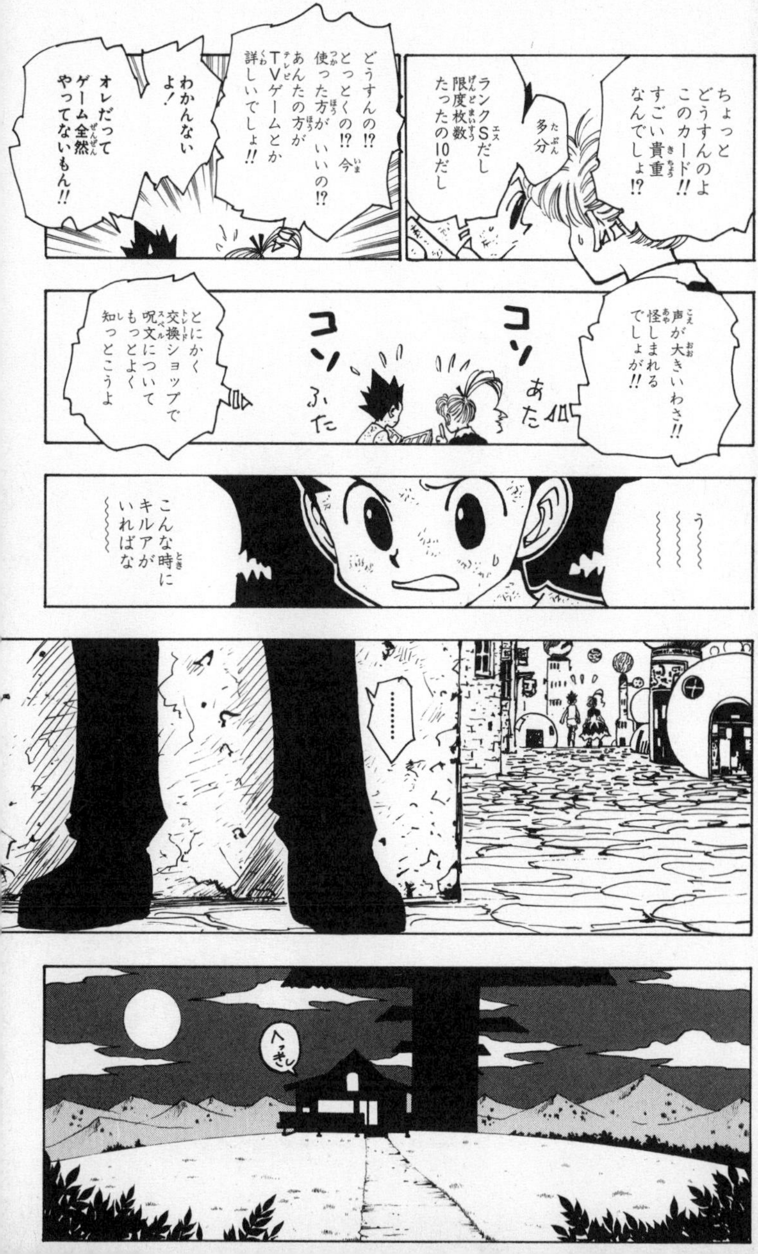
ちょっとどうすんのよこのカード!!すごい貴重《きちょう》なんでしょ!?
多分《たぶん》
ランクS《エス》だし限度枚数《げんどまいすう》たったの10だし
どうすんの!?とっとくの!?今《いま》使《つか》った方《ほう》がいいの!?あんたの方《ほう》がTV《テレビ》ゲームとか詳《くわ》しいでしょ!!
わかんないよ!
オレだってゲーム全然《ぜんぜん》やってないもん!!
声《こえ》が大《おお》きいわさ!!怪《あや》しまれるでしょが!!
コツ
あた
コツ
ふた
とにかく交換《トレード》ショップで呪文《スペル》についてもっとよく知《し》っとこうよ
う〜〜〜
こんな時《とき》にキルアがいればな〜〜〜
………
へっきし

No.《ナンバー》148◆試験開始《しけんかいし》

だめだ 全然《ぜんぜん》 届《とど》かないよ
良《よ》い 良《よ》い
変化系《へんかけい》に 比《くら》べたら 格段《かくだん》に 筋《すじ》は良《よ》いわさ
どうやら このコは 放出系《ほうしゅつけい》よりの強化系能力者《きょうかけいのうりょくしゃ》 みたいだわね
ここら へん？
強
放
焦《あせ》らず まずは 体《からだ》から放《はな》たれた 球状《きゅうじょう》のオーラを なるべく形《かたち》を崩《くず》さず 長時間維持《ちょうじかんいじ》！
オス
維持《いじ》できる時間《じかん》は 能力者《のうりょくしゃ》の「纏《テン》」の 力強《ちからづよ》さに 比例《ひれい》するの
あんたの「纏《テン》」なら この修行《しゅぎょう》に慣《な》れれば オーラの球《たま》を2、3日《にち》 くらい 宙《ちゅう》に浮《う》かせ 続《つづ》けておくのは すぐ出来《でき》るわよ
同《おな》じように あのくらいの 距離《きょり》なら 今日中《きょうじゅう》に 届《とど》くわさ
うん
あっ ホントだ 届《とど》いた
パーン
はやっ
毎日《まいにち》 まじめに 「纏《テン》」と「練《レン》」を こなしてる証拠《しょうこ》 だわね
んじゃ 基礎練《きそれん》に 戻《もど》るわよ

ホッ
ブンッ
非常《ひじょう》に順調《じゅんちょう》だわよ
必殺技《ひっさつわざ》も予定通《よていどお》りに行《い》きそうだわね
ここなら安心《あんしん》して修行《しゅぎょう》できるからね
少《すく》なくとも攻撃呪文《こうげきスペル》の射程範囲《しゃていはんい》に誰《だれ》かが来《き》たらすぐに わかるし
スタート地点《ちてん》の時《とき》と同《おな》じような 監視《かんし》されてる感《かん》じ……魔法都市《マサドラ》の方《ほう》からそんな視線《しせん》を感《かん》じるけど
まこっちにも防御呪文《ぼうぎょスペル》は沢山《たくさん》あるし
ふむ
念《ねん》のため「暗幕」をかけてるけどまだ誰《だれ》も それを「透視《フルラスコピー》」や「盗視《スティール》」で解《と》いてこないしね

まっ
あんまり呪文《スペル》カードにとらわれてもしかたないわよとにかく今《いま》は精進精進《しょうじんしょうじん》!!
オス!
…
売《う》ったらいくらくらいすんのかしらねホホホホホ
めちゃめちゃとらわれてんじゃん
楽《たの》しかったよがんばりな
んサンキュ

503号室《ごうしつ》のインターホンを押《お》して「ミハエルさんのお宅《たく》ですか?」って聞《き》きな
ピンポーン
はい?
ここミハエルさんのお宅ですか?
ミハエルは603号室《ごうしつ》だよ
603
あとは指示《しじ》に従《したが》えば いい
駅前《えきまえ》のディックサクラで買《か》い物《もの》しな
会計《かいけい》の時《とき》このカードを渡《わた》せば 会場《かいじょう》へ行《い》ける
お客様《きゃくさま》こちらへどうぞ
ウィーン…
チーン

今年《ことし》は 去年《きょねん》より 人数《にんずう》多《おお》いな
誰《だれ》か 知《し》ってる奴《やつ》 いねーかな
ヨオ
結局《けっきょく》お前《まえ》 落《お》ちたのかよ
去年《きょねん》の試験《しけん》じゃ 世話《せわ》になったな
今年《ことし》は あんなわけには いかねェぜ
何《なに》しろオレ達《たち》は あれから血《ち》の にじむ様《よう》な特訓《とっくん》を 重《かさ》ねたからな
くっくっく
誰《だれ》か 知《し》ってる奴《やつ》 いねーかな
ビ
ガチャ

よく来《き》たな諸君《しょくん》
今年《ことし》は1489人《にん》会場《かいじょう》までたどりついたそうだが…
実《じつ》は2次《じ》試験官《しけんかん》から多《おお》くとも300人位《にんくらい》に絞《しぼ》ってくれと言《い》われてたな
まさか こんなに集《あつ》まるとは思《おも》わなかったぜ
さぁ~~~てテストはどうしたものかな…
?
ん~~~~
お前《まえ》ら殴《なぐ》り合《あ》うか?

とりあえず 時間《じかん》は あるし …そうだな
昼飯《ひるめし》まで あと2時間《じかん》… その間《あいだ》に
5人《にん》 ぶっ倒《たお》せ
ザワ……
倒《たお》した奴《やつ》の プレートを取《と》って ……つまり5枚《まい》 プレートを集《あつ》めたら オレのところへ来《こ》い
あそこの 非常階段《ひじょうかいだん》のとこで 待《ま》ってるからよ
いいか? オレが あの 扉《とびら》の奥《おく》に 入《はい》って
ドアを閉《し》めたら 試験《しけん》スタートだ
ギィ…
バタン

ま…　相討《あいう》ちとか　考《かんが》えて　２次《じ》へ進《すす》めるのは150から200ってとこか…
全部《ぜんぶ》こういう試験《しけん》に　しちまえばいいんだよな
強《つよ》い奴《やつ》じゃなきゃ　つとまらねーんだからよ

影《かげ》だ…… 影《かげ》だけが 見《み》えた
その黒《くろ》い影《かげ》が 縫《ぬ》う様《よう》に 受験生《じゅけんせい》の 間《あいだ》を走《はし》ると バタバタと人《ひと》が 倒《たお》れていった
その影《かげ》の正体《しょうたい》が キルアだと 気付《きづ》いたのは （後《あと》でだが）
おっちゃんも 来《き》てたんだ？ 残念《ざんねん》だったね
え？ あ？
1500人《にん》が暴《あば》れて いる修羅場《しゅらば》で あたふたしてる オレに あいつが こう言《い》ったからだ
今年《ことし》 受《う》かるの オレだけだよ
ヒュッ
これ以上《いじょう》ないという程《ほど》 正確《せいかく》かつ素早《すばや》く首《くび》に対《たい》して 衝撃《しょうげき》を与《あた》えられたもの…と 医者《いしゃ》は診断《しんだん》した
知《し》り合《あ》いの格闘家《かくとうか》に 「人間技《にんげんわざ》じゃねェ」と 言《い》われたよ
……そうだな
自信《じしん》は あった …それだけの 努力《どりょく》をして きたつもり だったからな
個々《ここ》の格闘修行《かくとうしゅぎょう》は、 血《ち》ヘドが出《で》るほど くり返《かえ》したし、 3人《にん》での コンビネーション訓練《くんれん》も 完璧《かんぺき》に仕上《しあ》げた

オレ達《たち》の敗因《はいいん》は認識不足《にんしきぶそく》
想像《そうぞう》の限界《げんかい》を超《こ》えた怪物《かいぶつ》の存在《そんざい》……
一流《いちりゅう》のハンターになるべく生《う》まれたヤツの技《スキル》を目《ま》の当《あ》たりにした…
高速道路《こうそくどうろ》を100km/h《キロ》で走《はし》っていたオレ達《たち》を奴《やつ》は300km/h《キロ》で楽々《らくらく》追《お》い抜《ぬ》いていった…そんな感《かん》じさ
この1年《ねん》のオレ達《たち》の努力《どりょく》は…
奴《やつ》に してみれば何《なに》も していなかったも同然《どうぜん》だったって わけだ
ハンター試験《しけん》は今年限《ことしかぎ》りにするよ
そんなリピーターが多《おお》いはずだぜ今年《ことし》はな…

コックリ
コックリ
ギィイ
いけねェ
つい
寝《ね》ちまった
ようやく
1次《じ》合格者《ごうかくしゃ》
第《だい》1号《ごう》か
!? おいおい
もう1時間半《じかんはん》も
経《た》ってるじゃねーか
何《なに》やってんだ
他《ほか》の連中《れんちゅう》はよ
みんな
寝《ね》てるよ
はァ?
!!
……
なっ
バッジ
集《あつ》めるのに
時間《じかん》くっちった
ズルズル

みんな半日《はんにち》くらいは起《お》きないと思《おも》うけどね
やる？
２次試験《じしけん》

ほっほっほ
その必要《ひつよう》はあるまいて
そやつの実力《じつりょく》は もう証明《しょうめい》されとる
闇《やみ》の住人《じゅうにん》キルア…
ずいぶん 成長《せいちょう》して戻《もど》ってきたようだのォ
感心 感心
あ～～～試験番号《しけんばんごう》1219 キルアくん
ほーい
ハンター試験《しけん》
合格《ごうかく》!!!
ども
ばん!

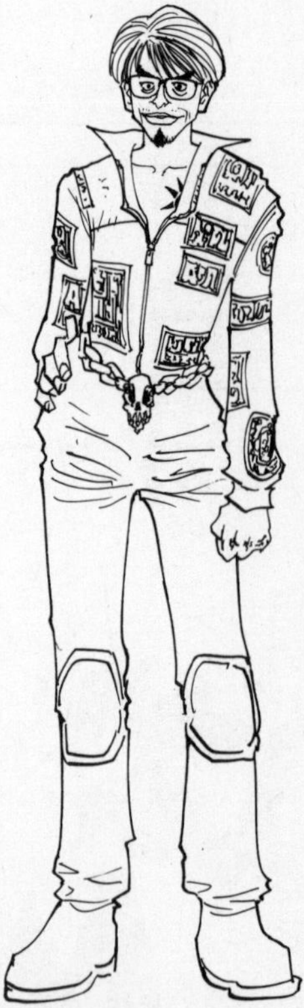

No.《ナンバー》149◆遭遇《そうぐう》

グリードアイランドへようこそ
おお
あなたはもしやキルア様《さま》では？
ああ
ゲームの説明《せつめい》を聞《き》きますか？
いやいいよ
あっ

おかえりキルア!!
試験《しけん》どうだった!?
もちろんソッコー合格《ごうかく》!!
むしろ帰《かえ》ってくるのに時間《じかん》かかってしんどかった
イエー!!
さて喜《よろこ》んでるトコ悪《わる》いけどさ
呪文《スペル》カード見《み》てちょうだいな
ん どれどれ

おお〜〜〜
スッゲー いっぱいいじゃん
このS《エス》ランクカードって売《う》ったら いくらすんだろーな
ね!!
ちょっと店《みせ》で聞《き》いてみましょーよ
ダメだよ 有効《ゆうこう》に使《つか》わなきゃ
何《なに》よ―― 聞《き》くだけならいいじゃないの
そう いいながら すごく高《たか》かったら売《う》ろうって思《おも》ってるでしょ?
どうしたら いいと思《おも》う? これ
そーだな――
ち…バレてる
とりあえず持《も》ってて大丈夫《だいじょうぶ》じゃないかな (守《まも》るべきカードもないし)
これだけ防御呪文《ぼうぎょスペル》のカードがあれば 奪《うば》われる心配《しんぱい》も まず ないし
――で どれか使《つか》ってみたか?
ヒュオオオ
ん―― 「暗幕《ブラックアウトカーテン》」だけ使《つか》ったけど
何《なん》だよ せっかくカードあんだからガンガン使《つか》おうぜ
こーゆーのも慣《な》れておかないと いざという時《とき》に使《つか》えないぜ

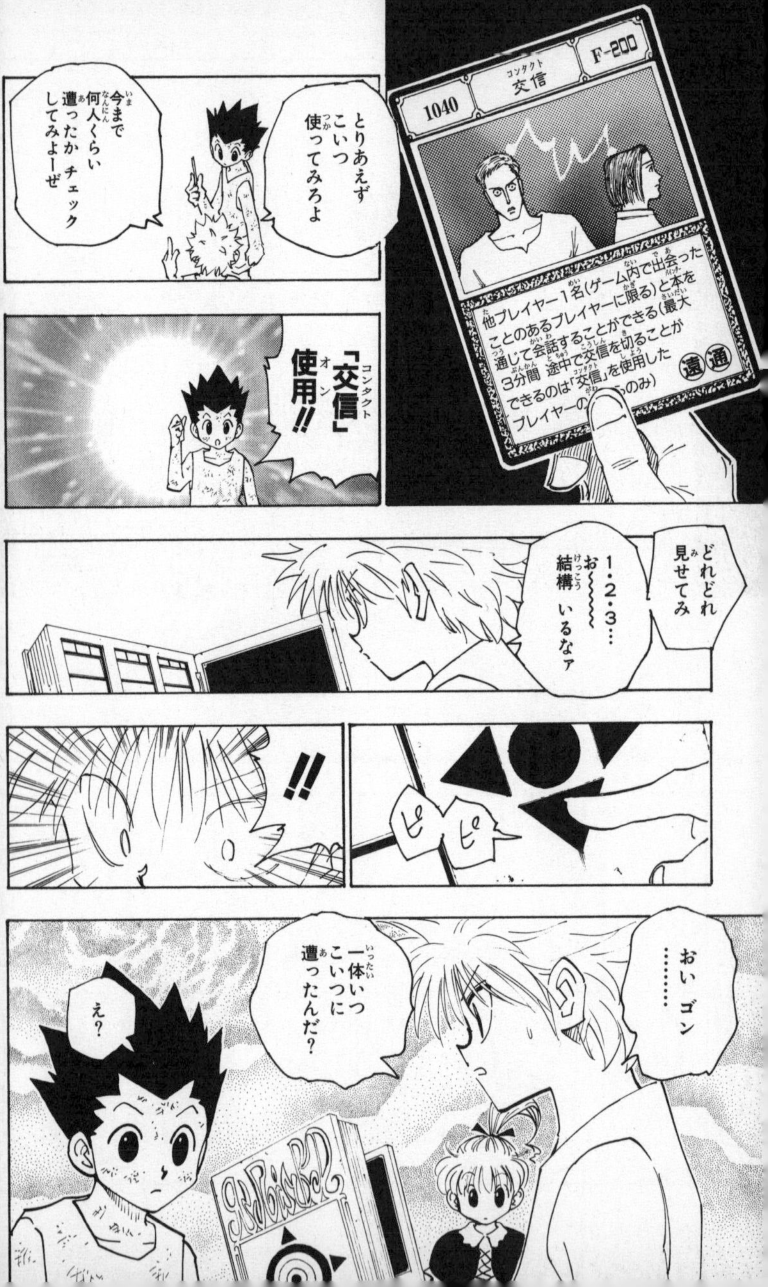

1040
交信《コンタクト》
F-200
他《た》プレイヤー1名《めい》(ゲーム内《ない》で出会《であ》ったことのあるプレイヤーに限《かぎ》る)と本《バインダー》を通《つう》じて会話《かいわ》することができる(最大《さいだい》3分間《ぶんかん》 途中《とちゅう》で交信《こうしん》を切《き》ることができるのは「交信《コンタクト》」を使用《しよう》したプレイヤーの
らのみ)
遠
通
とりあえず こいつ 使《つか》ってみろよ
今《いま》まで 何人《なんにん》くらい 遭《あ》ったか チェック してみよーぜ
「交信《コンタクト》」使用《オン》!!
どれどれ 見《み》せてみ
1・2・3…… お~~~~~ 結構《けっこう》 いるなァ
ピ
ピ
!!
おい ゴン ………
一体《いったい》いつ こいつに 遭《あ》ったんだ?
え?

クロロ＝ルシルフル
クロロ!!?
?
誰《だれ》? クロロって
遭《あ》ってないよ! ゲームの中《なか》で クロロと なんか
ん? ん? 何《なん》の話《はなし》?
じゃ お互《たが》い 知《し》らずに ニアミス したか あっちだけが 先《さき》に気付《きづ》いたか…
でも おかしいよ だって あいつは クラピカに念《ネン》を 封《ふう》じられたはず だよ?
だから クラピカって 誰《だれ》よ!?
だよな… 念《ネン》を使《つか》わなきゃ ゲーム内《ない》に 入《はい》れないんだから
じゃ あと 考《かん》えられる のは…
が―― ちょっとっ
あたしも まぜなさい――!!!

あるわよ
敵《てき》の念能力《ネンのうりょく》をはずす方法《ほうほう》
ホント!?
当然《とうぜん》よ
敵《てき》に かける念《ネン》が あるんだから はずす念《ネン》が あっても 不思議《ふしぎ》じゃないでしょ?
除念《じょネン》って いわれる能力《のうりょく》よ
でも この能力《のうりょく》を 使《つか》える能力者《のうりょくしゃ》は 少《すく》ないわよ
……てことは やっぱりクロロが クラピカの念《ネン》を はずして この中《なか》に ……
一体《いったい》 何《なに》しに 来《き》たんだろ
わかんね ——けど
クラピカには 連絡《れんらく》して おいた方《ほう》が いいよな
よし! オレ もう一回《かい》 行《い》ってくるよ
呪文《スペル》カード 使《つか》えるよ?
とっておけよ 4時間《じかん》も あれば 戻《もど》れるから

くっくっく あははははは
なるほど あははは そういうこと か!!
おい シャル!!
いつまでも 笑《わら》ってねーで 説明《せつめい》しろよ!!
ゴメン ゴメン
おそらく これは 団長《だんちょう》じゃない
もちろん 団長《だんちょう》が すでに 除念《じょネン》を終《お》えて ゲーム内《ない》に入《はい》り
たまたま オレ達《たち》と互《たが》いに 気付《きづ》かず 20m以内《いない》で すれ違《ちが》ったという 可能性《かのうせい》もある
でも もっと わかりやすく 説明《せつめい》が つくんだ
団長《だんちょう》は まだ除念《じょネン》を 終《お》えてない
そして
G・I《グリードアイランド》と 知《し》らずに この島《しま》を訪《おとず》れた
?
くっくっく なぜ 気付《きづ》かな かったんだろう

ヨークシンの真《ま》東《ひがし》にあるんだよ
G・I《ここ》は
!!
団長《だんちょう》の予言《よげん》…
そうか!
団長《だんちょう》は除念師《ジョネンし》を探《さが》して ここに着《つ》いたのか!!
団長《だんちょう》もオレ達《たち》と同《おな》じ方法《ほうほう》で入島《にゅうとう》しすぐにレイザーに島外《とうがい》へ飛《と》ばされ
その時《とき》ここがG・I《グリードアイランド》と知《し》ったんだ
しかし念《ネン》が使《つか》えないから団長自身《だんちょうじしん》は 普通《ふつう》の方法《ほうほう》では この中《なか》に入《はい》れない
それで誰《だれ》かを雇《やと》って 入島《にゅうとう》させることにした
自分《じぶん》の名《な》を使《つか》わせたのは
オレ達《たち》への隠《かく》れたメッセージ!!

除念師《ジョネンシ》はG・I《この中》にいる!!!
へへへ
また目的《もくてき》が変《か》わっちまったな
ま…これ以上《いじょう》の変更《へんこう》はないがな
他《ほか》の連中《れんちゅう》も呼《よ》びよせようぜ!
そうだな総力《そうりょく》で除念師《ジョネンシ》を探《さが》そう
うまくそいつを探《さが》し出《だ》せたら
何《なに》も言《い》わず自称《じしょう》クロロに引《ひ》き渡《わた》せばいいわけだ
ちょっと訂正《ていせい》があるね♥
まさか……!!

ヒソカ!!!
クロロの名前《なまえ》を使《つか》ったのはボクのアイディアさ◆
プレイヤーの名前入力《なまえにゅうりょく》が自由《じゆう》に出来《でき》るなんてゲームの中《なか》に入《はい》って初《はじ》めて知《し》ったからね♥
ほめてくれよ? そのおかげでボクの言《い》いたいこと上手《うま》く伝《つた》わっただろ?
おい てめェ!!
滅多《めった》なことペラペラしゃべるんじゃねェ…!!
てめェはてめェで黙《だま》ってやるべきことをやれ
うすうすてめェの動機《どうき》もわかる……!!
ここでオレがぶっ殺《ころ》しておきたいとこだが…団長《だんちょう》に任《まか》せるぜ
くくく♠

ま…何《なに》か あったら 「交信《コンタクト》」で連絡《れんらく》してくれよ◆
ボクも ニュースが あったら 知《し》らせるから♣
じゃあね♥
………
団長《だんちょう》… ヒソカに依頼《いらい》したのね しかたないけど 何《なん》か複雑《ふくざつ》
報酬《ほうしゅう》は 決闘《タイマン》だろうな… 除念後《じょネンご》の
でも これで時間《じかん》の問題《もんだい》だ
団長《だんちょう》の復活《ふっかつ》…!!

それは ないな
もしも奴《やつ》が… いや 奴《やつ》に限《かぎ》らず 旅団《クモ》に かけた 私《わたし》の念《ネン》が はずされた場合《ばあい》
私《わたし》は それを 知《し》ることが できる
それって能力《のうりょく》を 決《き》める時《とき》に その 状況《じょうきょう》を予想《よそう》して たってこと?
当然《とうぜん》だろう
人《ひと》にかける念《ネン》が あるのだから 逆《ぎゃく》に はずす念《ネン》も存在《そんざい》すると 考《かんが》えるのは 至極《しごく》 自然《しぜん》な発想《はっそう》だと思《おも》うが?
やなヤツ
ま とにかく 報告《ほうこく》は したぜ
後《あと》は どーぞ 御勝手《ごかって》に
わざわざ すまなかったな 礼《れい》を言《い》う

クロロでは　ない…
だが　無関係《むかんけい》とは
到底《とうてい》　思《おも》えない
クラピカ
ボスが
呼《よ》んでるわよ
どうして
かしら…
なんで
出《で》なくなったん
だろう……

御用《ごよう》ですか？
……
今月《こんげつ》…オレは…オレはどうしたらいい？
教《おし》えてくれ オレは一体《いったい》どうする!?
大丈夫《だいじょうぶ》です 私《わたし》にお任《まか》せ下《くだ》さい
全《すべ》て順調《じゅんちょう》です
キサマに何《なに》がわかるっっ
先《さき》の事《こと》などどうなるかっ お前《まえ》には全《まった》くわからんだろうが!!
ネオン!! ネオンだっ 早《はや》くネオンを元《もと》に戻《もど》せ!!
くそっ くそっ
う〜〜〜 う〜〜
なぜ こんな ことに…

どうだった?
どうやら本物《ほんもの》じゃないみたいだぜ
そう…
でも なんかあいつ クロロの名前《なまえ》を出《だ》しても余裕《よゆう》だったぜ
余裕《よゆう》ってゆーか反応《はんのう》が薄《うす》いっつーか
意外《いがい》と冷静《れいせい》だったな…もっと驚《おどろ》くかと思《おも》ったけど
ふーん
まーー でも取《と》り越《こ》し苦労《ぐろう》なら良《よ》かったじゃないの
さ!! 今度《こんど》は自分達《じぶんたち》のことに集中《しゅうちゅう》よ!!
ポン
ポン
ゴン! キルアに見《み》せてやりなさいよ
あんたの必殺技《ひっさつわざ》
お

ジャン!!
ケン!!!
パー!!!!
No.150《ナンバー》◆始動《しどう》
お
ポン
おお〜〜〜〜
フワ
フワ
次《つぎ》ね

キィィィィ
最初《さいしょ》は グー！
ググ…
ジャン!!
ケン!!
チー!!!!
ポロ…
やったーー!!
できたーー!!
えっ まさか 初《はじ》めて成功《せいこう》!?

違《ちが》うよ!! これで5度目《どめ》の成功《せいこう》だもんね
ふーーん
で 失敗《しっぱい》の回数《かいすう》は?
うっ……
でも 成功率《せいこうりつ》は上《あ》がってきたもんね 10回《かい》に1回《かい》は出来《でき》るようになってるよ!
たぶん
それは いいとしても お前《まえ》 今《いま》の技《わざ》 使《つか》う前《まえ》さ 毎回《まいかい》 あの掛《か》け声《ごえ》 言《い》うの?
え? うん だって じゃなきゃ 必殺技《ひっさつわざ》っぽく ないでしょ
?
うーーん まぁ…な
けど 敵《てき》に モロバレに なるわけだろ? スキも すげーでけェし
掛《か》け声《ごえ》の間《あいだ》に 敵《てき》に攻撃《こうげき》されたら どうすんだよ
よけながら 言《い》う
よけきれ なかったら!?
それでも 言《い》う
最初は グー!
おい アイツ あれでホントに 大丈夫《だいじょうぶ》なのかよ!?
そりゃま いろいろと 不安《ふあん》は あるわさ
でも なにより あのコが 気《き》に 入《い》ってるみたい だし
意外《いがい》と 理《り》に かなってて やられる方《ほう》は イヤだと思《おも》うよ
短距離攻撃《グー》 中距離攻撃《チョキ》 長距離攻撃《パー》 の3択《たく》

鍛《きた》えれば 相当《そうとう》 手強《てごわ》い 武器《ぶき》に なるわさ
ところで アンタの方《ほう》は どうなのよ?
オレ?
ゴソゴソ
まぁ色々《いろいろ》 考《かんが》えたんだけど……
結局《けっきょく》 これに した
なるほど… 電気《でんき》と コレか… よく考《かんが》えてる わね
いい武器《ぶき》に なりそう だわね
だろ?
色《いろ》んな技《わざ》 開発中《かいはつちゅう》だぜ
ふむ

２人《ふたり》とも
ここまで
よく がんばって
きたわね
んじゃ
そろそろ
始《はじ》めようか
オス！
まずは
基礎《きそ》からね
修行《しゅぎょう》じゃ
ないわさ
始《はじ》めるのは
本格的《ほんかくてき》な
ゲーム攻略《こうりゃく》！
!!
どうだい
でかいだろう
？

この大木《たいぼく》にだけ棲《す》むという 伝説《でんせつ》のキングホワイトオオクワガタ
普段《ふだん》はコロニーの奥深《おくふか》くにいて姿《すがた》さえ見《み》せない
捕獲《ほかく》の方法《ほうほう》はただ1つ！
ヤツが唯一《ゆいいつ》姿《すがた》をあらわす夕方《ゆうがた》に木《き》をぶったたいて落《お》とす!!
他《ほか》にも方法《ほうほう》あると思《おも》うけど…
ワナとか
まーーゲームだからな
たたくポイントはここ!! ハデに揺《ゆ》らそうと思《おも》ったらハンパな力《ちから》じゃ駄目《だめ》だぜ
本命《ほんめい》のクワガタを捕《と》れたのは今《いま》のところたった7人《にん》だ
けっこういるんだね成功《せいこう》した人《ひと》
かっかっか挑戦者《ちょうせんしゃ》はその何千倍《なんぜんばい》といたんだぜ？
敵《てき》がいるわけじゃないし
全力《ぜんりょく》でぶったたいてみなさいな
うん
オイオイ素手《すで》かよ？ハンマー貸《か》すぜ？

最初《さいしょ》は
グーー！
ググ…
！
ズズズ…
ジャン!!
ケン!!!

ブオオオン!!
グー!!!!
!!
!!

グラグラ‥
ザザザザザ
ボトボトボトボト
おおっ
虫《むし》の雨《あめ》だ──!!
すっげー大漁《たいりょう》!!
カブトもカミキリもいっぱいいるよ
いた!!
キングホワイトオオクワガタ!!
こっちにもいたぜ!
もう1匹《ぴき》発見《はっけん》ー!!

キングホワイトオオクワガタのカード!!
3枚《まい》ゲット!!
53
キングホワイト オオクワガタ
伝説《でんせつ》の昆虫《こんちゅう》 特殊《とくしゅ》なフェロモンで他《ほか》の昆虫《こんちゅう》を誘惑《ゆうわく》し 働《はたら》かせ一大《いちだい》コロニーを作《つく》り上《あ》げる唯一《ゆいいつ》コロニーの外《そと》へ出《で》るのは夕方《ゆうがた》の散歩《さんぽ》
いや―― 長年《ながねん》 この森《もり》の番人《ばんにん》やってるが
たった一撃《いちげき》で3匹《びき》も捕《と》った奴《やつ》は初《はじ》めてだぜ
でも 手加減《てかげん》しちゃった
え?
全力《ぜんりょく》で殴《なぐ》っちゃったら
木《き》の方《ほう》が傷《いた》んじゃうかもしれないって思《おも》って
ここで このカード集《あつ》められるだけ集《あつ》めようぜ
え?
トレードの材料《ざいりょう》になる
成功者《せいこうしゃ》が7人《にん》しかいないって言《い》ってただろ?
このカードに挑戦《ちょうせん》したけど入手《にゅうしゅ》できなかった奴《やつ》山《やま》ほど いるはずだからな
ドオ…ン…!!
ダメだ

カード化限度枚数《かげんどまいすう》 30枚《まい》なのに 結局《けっきょく》 最初《さいしょ》の3枚《まい》しか カード化《か》できなかったね
先《さき》に このカードをゲットした7人《にん》の中《なか》にも 同《おな》じ事《こと》 考《かんが》えた奴《やつ》が いたんだろ——な
どーする？
逃《に》がそか
OK《オーケー》 じゃ 次《つぎ》 行《い》こうか
ここに監禁《かんきん》している少女《しょうじょ》を帰《かえ》せ!? ボウヤ 何《なに》を証拠《しょうこ》に そんな事《こと》を言《い》ってるんだ?
この屋敷《やしき》には限《かぎ》られた数人《すうにん》以外《いがい》誰《だれ》も出入《でい》り出来《でき》ないんだ その少女《しょうじょ》とやらもね
もしも忍《しの》び込《こ》もうものなら 幾重《いくえ》にも張《は》りめぐらされた罠《わな》が君達《きみたち》を襲《おそ》う!!
君達《きみたち》では 少女《しょうじょ》の部屋《へや》を つきとめることさえできず 息絶《いきた》えることだろうな
語《かた》るに落《お》ちてるよ コイツ
見《み》つけたぜ 地下《ちか》4階《かい》の隠《かく》し部屋《べや》にいた
へー あれワナだったんだ
アトラクションかと思った
何《なに》——!?
おのれァ——!!
少女《しょうじょ》シリーズ 金粉少女《きんぷんしょうじょ》ゲット!!
46
金粉少女《きんぷんしょうじょ》
A-13
全身《ぜんしん》から金粉《きんぷん》をふき出《だ》す少女《しょうじょ》
1日《にち》1回《かい》の入浴《にゅうよく》で約《やく》500g《グラム》の
金《きん》がとれる 非常《ひじょう》に内気《うちき》で
ずっと家《いえ》から出《で》ない
門番《もんばん》は ランクF《エフ》だ

次《つぎ》は南《みなみ》ね スタート地点《ちてん》のシソの木《き》をさらに南下《なんか》して
ギャンブルの街《まち》ドリアスってトコで3つカードを入手《にゅうしゅ》できるイベントがあるわさ
すげーな いつの間《ま》に調《しら》べたんだよ
聞《き》き込《こ》みよ！ アンタ達《たち》が修行《しゅぎょう》してる間《あいだ》ただボサッとしてたわけじゃないわさ
この姿《すがた》だとプレイヤーも油断《ゆだん》して 結構《けっこう》話《はな》してくれたしね
もう帰《かえ》りたいけど交換《トレード》に使《つか》えそうなカードが1枚《まい》もないの…
とか言《い》ったりしてね♡
情報 もらいたいほーだいだわさ ホホホホ
あれ？ 明日《あした》って15日《にち》じゃなかったっけ
あっ
懸賞の街《アントキバ》の月例大会《げつれいたいかい》!!
通《とお》るついでだしやっていこうぜビスケ！
今《いま》は防御《ぼうぎょ》カードもいっぱい あるしね！
パチ パチ パチ パチ
優勝《ゆうしょう》はァ——
キルア・ゴンペアで————す!!

聖騎士《せいきし》の首飾《くびかざ》り
84
聖騎士《せいきし》の首飾《くびかざ》り
D-60
これを身《み》につけたプレイヤーは呪《のろ》いをはね返《かえ》すことができる上《うえ》触《ふ》れたカードの呪《のろ》いも解《と》くことができる
ゲットォーー!!
説明《せつめい》 読《よ》んでも詳《くわ》しくはわかんないね
交換店《トレードショップ》で聞《き》いてみようぜ 持《も》ってない呪文《スペル》のことも知《し》りたいし
身《み》に つけてる間中《あいだじゅう》そのプレイヤーに「反射《リフレクション》」の効果《こうか》をかけ続《つづ》けるんだ
それ以外《いがい》にも「擬態《トランスフォーム》」や「贋作《フェイク》」などで呪《のろ》いに かけられているカードに触《ふ》れればそれを元《もと》のカードに戻《もど》す力《ちから》も あるんだ
すげーーぜ!! これさえ使《つか》えばカードを盗《と》られる心配《しんぱい》しなくていいぜ!!
でもさ 一度《ど》カード化《か》を解除《かいじょ》しちゃったら もうカード化《か》できないんでしょ?
そーーよ このカードは1月《がつ》の月例大会《げつれいたいかい》の賞品《しょうひん》なんだから
1年《ねん》に1回《かい》しかゲットのチャンスないのよ!?
2人《ふたり》ともそのカードよく見《み》ろよ
?

入手難度《にゅうしゅなんど》D《ディー》!!
つまり このカード「再生《リサイクル》」が使《つか》えるんだよ
年《ねん》に1回《かい》しか入手《にゅうしゅ》の機会《きかい》がないのに難度《なんど》がD《ディー》なの?
店で聞いた呪文カードのメモ
それは多分《たぶん》え――と これだ「妥協《コンプロマイズ》」と「堕落《コラプション》」が使《つか》えるから
条件《じょうけん》が そろえば増《ふ》やせるんだこのカード!
こいつもいい交換用《トレードよう》のカードに なるぜ
よし!! もう怖《こわ》いもんなしだ!!
イエー!!
ギャンブル都市《とし》ドリアスへゴー――!!

64
魔女《まじょ》の媚薬《びやく》
B-30
この薬《くすり》に口《くち》づけをして
相手《あいて》に飲《の》ませれば 意中《いちゅう》の
あなたの虜《とりこ》となる その人《ひと》は
1粒《つぶ》の効《き》き目《め》は1週間《しゅうかん》
1ビン500粒《つぶ》入《い》り
25
リスキーダイス
B-30
20面《めん》体《たい》のサイコロ 1面《めん》が大凶《だいきょう》で
19面《めん》が大吉《だいきち》 大吉《だいきち》が出《で》れば
とてもいいことが起《お》こる ただし
大凶《だいきょう》が出《で》ると それまでに出《で》た
大吉分《だいきちぶん》がチャラになるほどの
不幸が起《お》こる
90
記憶《きおく》の兜《かぶと》
A-20
これを かぶっている時《とき》に
見聞《みき》きしたことは決《けっ》して
忘《わす》れない
非常《ひじょう》に重《おも》く大《おお》きいのが
タマにキズ
楽勝《らくしょう》オーー!!
楽勝《らくしょう》!? とんでもないわよ
血《ち》のにじむ あの3か月間《げっかん》が あればこその 今《いま》だわさ……!

ポン

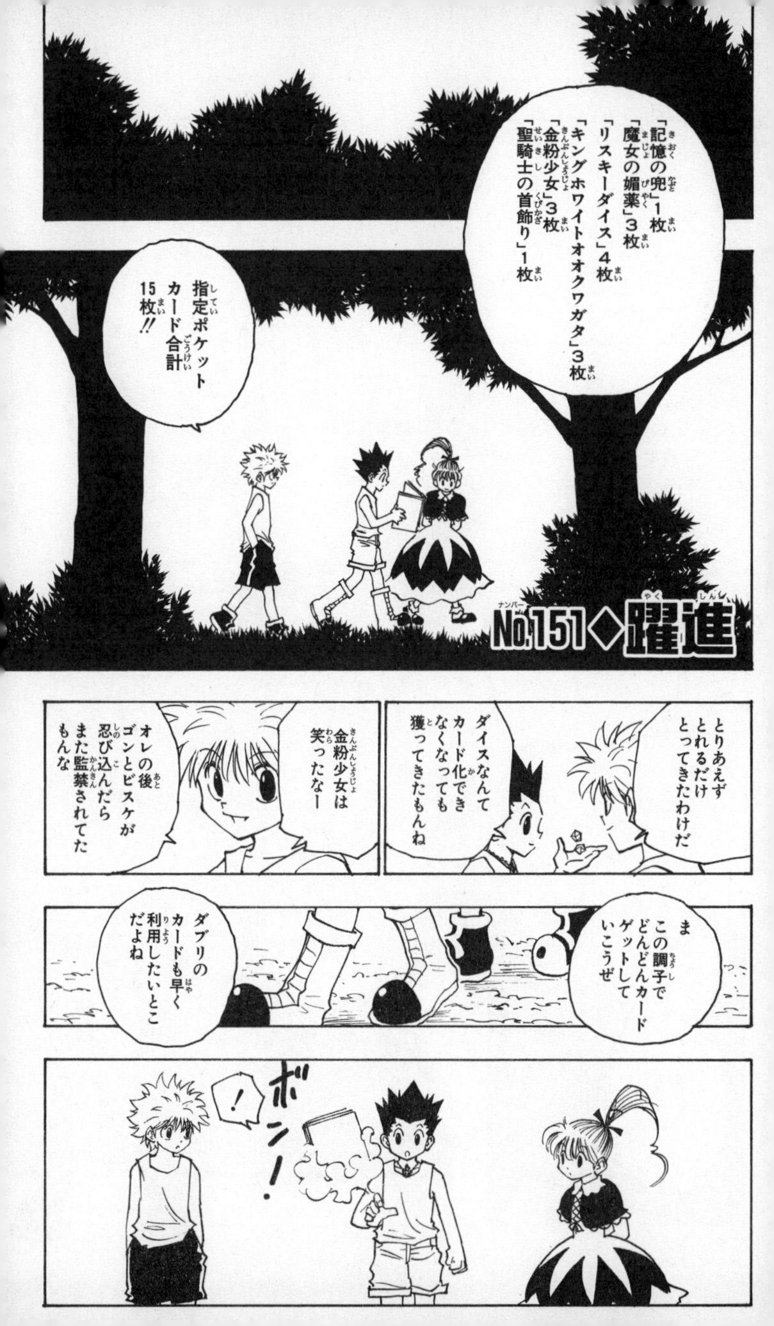

「記憶《きおく》の兜《かぶと》」1枚《まい》 「魔女《まじょ》の媚薬《びやく》」3枚《まい》 「リスキーダイス」4枚《まい》 「キングホワイトオオクワガタ」3枚《まい》 「金粉少女《きんぷんしょうじょ》」3枚《まい》 「聖騎士《せいきし》の首飾《くびかざ》り」1枚《まい》
指定《してい》ポケットカード合計《ごうけい》15枚《まい》!!
No.《ナンバー》151◇躍進《やくしん》
とりあえずとれるだけとってきたわけだ
ダイスなんてカード化《か》できなくなっても獲《と》ってきたもんね
金粉少女《きんぷんしょうじょ》は笑《わら》ったなー
オレの後《あと》ゴンとビスケが忍《しの》び込《こ》んだらまた監禁《かんきん》されてたもんな
ま この調子《ちょうし》でどんどんカードゲットしていこうぜ
ダブリのカードも早《はや》く利用《りよう》したいとこだよね
ボン!
!

他《た》プレイヤーが あなたに対《たい》し「透視《フルスコピー》」を使用《しよう》しました「暗幕《ブラックアウトカーテン》」で相殺《そうさつ》します
いよいよ動《うご》き出《だ》してきたみたいだわね ずっと監視《かんし》してた奴《やつ》…！
ゴン！
もう1回《かい》「暗幕《ブラックアウトカーテン》」唱《とな》えとけ
「暗幕《ブラックアウトカーテン》」使用《オン》!!
シュパーン
他《た》プレイヤーが あなたに対《たい》し「交信《コンタクト》」を使用《しよう》しました
!!
よォ 久《ひさ》しぶりだな ゴン
誰《だれ》？ オレは そっちのこと 知《し》らないよ
ははは そりゃま そうだな
懸賞都市《アントキバ》でお前《まえ》から「真実《しんじつ》の剣《つるぎ》」を奪《うば》ったプレイヤーと言《い》えばわかるか？
何《なん》の用《よう》？
交渉《こうしょう》さ 相当《そうとう》 カードを稼《かせ》いでるみたいじゃないか
正直《しょうじき》驚《おどろ》いたぜ

あの時《とき》とは みちがえる程《ほど》 成長《せいちょう》したな
どんな魔法《まほう》を使《つか》ったんだ?
努力《どりょく》
はははは なるほど
じゃ そろそろ本題《ほんだい》に入《はい》ろうか
交換《トレード》しないか?
こちらのカードは 66「魔女《まじょ》の痩《や》せ薬《ぐすり》」と 17「顔《かお》パス回数券《かいすうけん》」だ 仲間《なかま》と相談《そうだん》してもらっていいが
残《のこ》り時間《じかん》が 2分《ふん》を切《き》った あと1分《ふん》で 結論《けつろん》をくれ
どうする?
ちょっと聞《き》くけどさ
オレ達《たち》にアクセスしてきたのって 昨日《きのう》の月例大会《げつれいたいかい》を見《み》てたからだろ?
あんた ずっとアントキバでうろうろしてんの?
まさか
アントキバに行《い》くのは 毎月《まいつき》15日《にち》だけだ
今《いま》は お前達《まえたち》と同《おな》じドリアスにいるよ
じゃ その2枚《まい》のカード どこでゲットしたの?
オイオイ 番号《ばんごう》まで教《おし》えてやったんだ
あとは「解析《アナリシス》」でも「道標《ガイドポスト》」でも使《つか》って自分《じぶん》らで調《しら》べろよ

残《のこ》り15秒《びょう》
交換《トレード》の意志《いし》があるなら そっちのカードを提示《ていじ》してくれ
64「魔女《まじょ》の媚薬《びやく》」と25「リスキーダイス」
オーケー「魔女《まじょ》の媚薬《びやく》」と交換《トレード》だ
20分後《ぷんご》にドリアス入《い》り口《ぐち》から北西《ほくせい》500m《メートル》くらいのとこで会《あ》おう
ヨオ
そっちの欲《ほ》しいカードは?
「顔《かお》パス回数券《かいすうけん》」
じゃあな

何事《なにごと》もなく終《お》わったわね
ちょっとヒョーシ抜《ぬ》けだな
でもドキドキした――
3日間《かかん》で7種類《しゅるい》!!
いいペースで集《あつ》まってるよね
ガンガンいこーぜ!! あとは ないの? この街《まち》で 指定《してい》カードが とれるイベント
う――ん いくつかあることはあるんだけど
1つはスロットの賞品《しょうひん》なんだわさ
スリーセブンが出《で》たらゲット
確率《かくりつ》は0.01%《パーセント》 つまり1万回《まんかい》に1回《かい》当《あ》たる割《わ》り合《あ》い
1回《かい》50J《ジェニー》 だから 単純《たんじゅん》に考《かんが》えて 50万J《まんジェニー》で 1枚《まい》ゲットか
運《うん》の要素《ようそ》が強《つよ》すぎるでしょ?
う――ん 確《たし》かにリスク高《たか》いな
リスク……

ゴン！あのダイス
頼《たの》むぜ——
ピッ
カッ
コロコロ…
ピタ
よし!!
これでスロットをゴー——!!
ダラララララ
ピッ
おっ

ピッ
7
7
おおっ
777
おお――!!
パンパカパーン
すっげ―― 一発《ぱつ》!!
レインボーダイヤゲット――!!
79
レインボーダイヤ
A-20
7色《いろ》に光《ひか》り輝《かがや》くダイヤ
このダイヤを渡《わた》して プロポーズすれば 100%《パーセント》成功《せいこう》する
思《おも》った通《とお》りだ このダイスがこの街攻略《まちこうりゃく》のキーアイテムなんだ
でも万《まん》が一《いち》大凶《だいきょう》が出《で》たらって思《おも》うと怖《こわ》いわね
だから獲得《かくとく》カードはお前《まえ》に やる
うん

残《のこ》りのカードも2人《ふたり》に渡《わた》しとくよ
これでもし大凶《だいきょう》が出《で》てもカード紛失《ふんしつ》っていう不幸《ふこう》だけはまぬがれる
カードよりもキルアに何《なに》かあったら困《こま》るよ!!
心配《しんぱい》ないって
大凶《だいきょう》なんて5%《パーセント》の確率《かくりつ》だぜ それにいくら何《なん》でも命《いのち》までは………
ドウーン!!!
どよっ
大変《たいへん》だァーー!! スロットマシンが爆発《ばくはつ》して客《きゃく》の顔面《がんめん》グッチャグチャだァーー!!!
おかしいと思《おも》ったんだよ あの台《だい》5回連続《かいれんぞく》で大当《おおあ》たりが出《で》てたんだろ
やってた客《きゃく》も変《へん》だったもんな「もう1回《かい》くらい大丈夫《だいじょうぶ》だろ」とかブツブツ言《い》いながら
妙《みょう》なサイコロ転《ころ》がしててさ
大吉
大凶
聞《き》いた!? キルアもうやめとこうよ!!
いや!! オレはやると言《い》ったらやる!
あと1回《かい》だけ……!!
そー言って破滅するタイプだ ヨークシンでもそーだったし ま、いざとなったら腕ずくで止めりゃいいわさ

カジノ王《おう》の 私《わたし》とポーカーで 勝負《しょうぶ》？
ふいっ
ボウヤ よしなよ 火遊《ひあそ》びは…
ギャンブラーの卵《たまご》 ゲットーーー!!
はい じゃ これでダイスは 終《お》しまいね
もう1回《かい》くらいなら……!
さーー 次《つぎ》の街《まち》へ ゴーーー♡
余《あま》った ダイスは 売《う》っちゃおう ね

67
長老の背伸び薬
B-30
1粒飲めば1cm背が
伸びる薬　1ビン100粒入り
20歳を過ぎてからの服用が
望ましい
45
大社長の卵
B-30
1日3時間手の中で温めることで
1年～10年後に現実となって
孵る卵　温める時に願う
気持ちが強い程早く孵化する
82
天罰のつえ
A-15
罰を与えたい人の名前を
唱えながら　このつえを天に
かざすと　貴方か相手か　今まで
より多く悪業を成した方に
強い災いが　ふりかかる
よーし　これで半分!!
50種類目ゲット!!!

たった1か月《げつ》で もう半分《はんぶん》 集《あつ》まったよ!!
大分《だいぶ》 地図《ちず》も にぎやかに なって きたわね
でも こっから キツくなるぜ きっと
今《いま》まで獲《と》った 指定《してい》ポケットカードは 全部《ぜんぶ》ランクA《エー》 以下《いか》だろ
ランクS《エス》以上《いじょう》の カードは 情報入手《じょうほうにゅうしゅ》の 段階《だんかい》から かなりの 困難《こんなん》って ことだぜ
そういえば 交換店《トレードショップ》で 買《か》える情報《じょうほう》も ランクA《エー》まで だったね
んじゃ どうすんの よさ
確実《かくじつ》なのは 「道標《ガイドポスト》」で場所《ばしょ》を 特定《とくてい》して
そこからは 地道《じみち》な聞《き》き込《こ》み だろーなァ
まァ 他《ほか》に もう1コ いい アイディアが あんだけど
え? 何《なに》?
リスキーダイスを 振《ふ》って大吉《だいきち》出《だ》して から「宝籤《ロトリー》」を 使《つか》う!
きっと いい カードが
却下!!
リスキーダイスの運ではランクAまでが限界です。
リスキーダイス→ロトリーのコンボの場合
「道標《ガイドポスト》」って 1枚《まい》しか 持《も》ってないよ
マサドラで 出来《でき》るだけ 呪文《スペル》カード 買《か》っとくか
同行《アカンパニー》 使用《オン》!! マサドラへ!!

結果《けっか》 3人《にん》の
呪文《スペル》カード
合計《ごうけい》29種《しゅ》
100枚《まい》!!
ホワン
なかなかレアカードは出《で》ないねー
ホワン
強奪《ロブ》×1
堕落《コラプション》×1
看板《ペネトレイト》×1
暗幕《ブラックアウトカーテン》×3
追跡《トレース》×2
投石《ストーンスロー》×1
道標《ガイドポスト》×3
解析《アナリシス》×10
宝籤《ロトリー》×8
密着《アドヒージョン》×1
浄化《ピュリファイ》×1
再生《リサイクル》×1
名簿《リスト》×9
同行《アカンパニー》×1
交信《コンタクト》×6
盗視《スティール》×5
透視《フルラスコピー》×3
防壁《ディフェンシブウォール》×12
反射《リフレクション》×3
磁力《マグネティックフォース》×1
掏摸《ピックポケット》×1
交換《トレード》×1
再来《リターン》×6
初心《デパーチャー》×1
離脱《リーブ》×3
念視《サイトビジョン》×3
漂流《ドリフト》×4
衝突《コリジョン》×2
城門《キャッスルゲート》×6
………1つ 気《き》になったんだけどさ
ん?
G・I《グリードアイランド》の中《なか》には何百人《なんびゃくにん》っていうプレイヤーが来《き》てるんだよね
なのにオレ達《たち》が今《いま》まで獲《と》ってきたアイテムを全部《ぜんぶ》カード化《か》できたのって変《へん》じゃない?
?どういうこと?
だって 指定《してい》ポケットのアイテムをカード化《か》する限度枚数《げんどまいすう》って ランクB《ビー》でも たった30枚《まい》くらいでしょ!?
オレ達《たち》より先《さき》に来た人達《ひとたち》がとっくに集《あつ》めててもおかしくないのに
……
確《たし》かにな…… けど 逆《ぎゃく》も考《かん》えられるぜ
このゲーム内《ない》でまともにプレイできてるのは30人《にん》(組《くみ》)に満《み》たない…!!

あ…そうか
な？
そう考《かんが》えれば おかしくは ないだろ？
きっと大部分《だいぶぶん》の プレイヤーは 指定《してい》ポケットカードは おろか マサドラに たどり着《つ》くのでさえ 命《いのち》懸《が》けで
現実《げんじつ》に 戻《もど》りたくても 戻《もど》れないって 連中《れんちゅう》も多《おお》いはず
せっかく ここまで 来《き》ても「離脱《リーブ》」が 出《で》なかったら 悲惨《ひさん》だね
つーか そんな奴《やつ》 ばっかだよ
だから ネットじゃ 誰《だれ》も戻《もど》って これない ゲームって
……そうか！
え？
現実《げんじつ》に戻《もど》りたくて 必死《ひっし》の思《おも》いで マサドラに来《き》て もしも「離脱《リーブ》」が 手《て》に入《はい》らなかったら 2人《ふたり》なら どうする？
かといって 危険《きけん》の高《たか》い 西《にし》の 港《みなと》へ 行《い》く根性《こんじょう》も 実力《じつりょく》も とてもないと してだぜ？
そーだわね コツコツお金《かね》 ためて「離脱《リーブ》」が 出《で》るまで買《か》い 続けるかしら
うん
だろ？
じゃもし その過程《かてい》で 超《ちょう》レアな呪文《スペル》 カードを入手《にゅうしゅ》 したら!?
それを売《う》って また呪文《スペル》カードを 買《か》う!! 「離脱《リーブ》」出《で》るまで
そお？ あたしは とっておくわさ
下手《へた》に売《う》って 次《つぎ》に買《か》ったカードが 全部《ぜんぶ》クズだったら 最悪《さいあく》でしょ？
とっておけば もしかしたら 誰《だれ》かの「離脱《リーブ》」と 交換《トレード》できる かも…

あっ…
なっ
この街《まち》に そんなプレイヤーが 沢山《たくさん》いるかも しれない
オレ達《たち》は 呪文《スペル》カード屋《や》の 前《まえ》で 張《は》ってれば いい
「離脱《リーブ》」 いる?

戻《もど》りたくない？
現実《げんじつ》へ
「離脱《リーブ》」3枚《まい》で…
ランクA《エー》の「擬態《トランスフォーム》」「聖水《ホーリーウォーター》」をはじめ カードいろいろ合《あ》わせて
57枚《まい》ゲットーー!!
15躍進（完）

■ジャンプ・コミックス

HUNTER×HUNTER

15 躍進

2002年10月9日　第1刷発行

著者　冨樫義博

編集　ホーム社
東京都千代田区一ツ橋2丁目5番10号
〒101-8050
電話　東京　03(5211)2651

発行人　山路則隆

発行所　株式会社　集英社
東京都千代田区一ツ橋2丁目5番10号
〒101-8050
電話　東京　03(3230)6233(編集)
03(3230)6191(販売)
03(3230)6076(制作)

Printed in Japan

印刷所　中央精版印刷株式会社

ISBN4-08-873314-2 C9979